국향과 어머니

인　　　쇄　2015년 10월 25일
초판1쇄발행　2015년 10월 30일

지 은 이　정희선
펴 낸 이　양상구
웹디자인　김초롱
펴 낸 곳　도서출판 채운재
주　　소　100-861 서울시 중구 삼일대로6길 13
(서울빌딩202호)
전　　화　02-704-3301
팩　　스　02-2268-3910
H　.P　010-5466-3911
E.mail　ysg8527@naver.com

정 가 10,000원

菊香

국향과 어머니

정희선 수필집

도서출판 채운재

책을 내며

한국전쟁 발발 다음 해 음력 2월 초순, 나라와 집안의 먹구름 속에 달갑지 않은 내가 태어났다. 태어나 겨우 두 살에 접어들 즈음 병마와 싸우던 아버지가 돌아가셨다. 그 후 5년이란 시간은 기억에서 통째로 사라졌다.

어머니는 전쟁 중에 어린 남매 둘을 데리고 아버지의 병시중에 지쳤다. 나를 임신한 중에도 끼니를 거르기 일쑤였다. 젖이 말라 만죽으로 키웠다 하니, 내가 열 살까지도 대나무처럼 삐삐 말라 비실비실했던 게 어쩌면 당연한 일이었는지도 모른다.

내 기억은 어머니가 재혼하시던 해인 일곱 살 때부터 시작된다. 읍에서 시골로 이사 한 나는 몸도 아프고 호적도 늦어진데다 학교도 제때 들어가지 못했다. 어머니 말동무나 해주고 잔심부름 하면서 집 옆 텃밭에서 숫제 살았다. 그 덕분인지 차츰 살이 붙고 건강해졌다. 평생 아플 것을 그때 다 아팠는지 열 살 이후로는 크게 아픈 기억이 없다.

열한 살에 동네 야학에서 한글을 대충 깨치고, 초등학교 3학년으로 월반해 들어갔다. 또래보다 늦게 학교를 졸업하고는 또 어머니의 농사일을 도왔다. 오빠와 언니는 중학교를 졸업하고 도회로 떠나고 없었기 때문이다.

열여섯 살 때 배워야겠다는 일념 하나로 고향을 떠나 부산으로 왔다. 큰 도매상에 취직해 낮에는 일 구덩이에, 밤에는 야학에 다니랴 햇빛을 못 보고 살았다.

도매상을 40년 남짓 해오며 일에 파묻혀 살았다. 아이들이 다 크고 나서야 다시 배움의 길을 찾았다. 같이 문학 공부하던 친구에게 떠밀리듯 등단도 했다. 벌써 10년 전의 일이다. 일하는 것 말고는 잘하는 게 별로 없는 내가, 그때 자신이 없어 미적거리고 있었다면 지금 삶이 무의미하지 않았을까. 앞으로 일손을 놓더라도 글을 쓰는 작업이야말로 나의 진실한 친구가 될 것이기 때문이다.

수필은 가식 없는 나의 민얼굴인 동시에 가족사이기도 해서 책을 내기가 망설여졌다. 일을 그만두고 천천히 좋은 글을 많이 담아 칠순 때나 내놓을까 하며 미루었다. 그런데 주변에서 등을 떠밀었다. 글을 오래 묵혀도 유행이 지나 안 좋다고. 그래, 이르지도 늦지도 않은 등단 십 년 차 딱 이때가 좋을 것 같았다. 더구나 오빠와 언니가 건강할 때 서두는 것도 좋겠다는 생각이 들었다.

설익은 글을 보아 주십사 함은 참으로 어불성설이다. 그래도 열심히 살아온 내 지난날이 어느 어려운 이에게는 작은 꿈이 되지 않을까 하는 느꺼운 마음으로 세상에 내놓기로 한다.

어느 가수의 유행가 가사처럼, 이참에 나도 나 자신에게 박수를 보내면서.

2015년 10월 18일 영도에서

정 희 선

차례

제1부 菊香과 어머니

제2부 덕성상회

제3부 장담그기

제4부 짧은 견문록

제5부 내가 그린 자화상

菊香과 어머니

菊香과 어머니

지독한 무더위도 벗어났건만 진땀이 흐른다. 국내외에서 연이어 터지는 자연재해와 테러사건이 마음에 열기를 더한 것 같다. 그런 난리 중에도 자연은 순리 따라 변화하며 우리 심신을 달래준다. 가을 기운이 완연하기도 전인데 베란다에 국화꽃이 활짝 피었다. 그래도 인생은 고통과 아픔을 이기고 온 보람이 있다는 듯 향긋한 향훈을 풍긴다.

국화는 어머니가 좋아하신 꽃이다. 가을이면 장독간을 둘러싼 국화 향이 대문도 없는 온 집채를 감쌌다. 국화 향기는 어머니의 자취인양 다감하고 따뜻한 냄새다.

너무 빈틈이 없어도 팔자가 세다고 하던가. 어머니는 아홉 살에 자신의 어머니를 잃고 새어머니 밑에서 자랐다고 한다. 그 당시 시골에서, 더구나 여자가 소학교에 들어가는 경우는 드물었다. 할아버지가 서당 훈장을 한 덕분에 학교에 들어갈 수 있었지 싶다. 그러나 그 행복은 오래가지 못했다. 넉넉하지 못한 형편에 전처 자식과 며느리의 눈치를 보지 않을 수가 없었을 것이다. 계모 눈치를 보며 책 보따리를 장독 너머로 던져주던 언니의 노력도 오래가지는 못한 것 같다.

통영의 부잣집으로 시집을 간 행운도 잠시, 서른셋에 남편을 병으로 잃고 말았다. 몇 년간의 병시중으로 어머니에게 남은 유산은, 읍으로 들어가는 길목의 기와집 한 채와 첫돌을 앞둔 나와 오빠, 언니가 전부였다. 살아갈 일이 참으로 막막했을 것이다. 그러나 '부지런한 새가 벌레를 더 잡는다.'고 하시며 누구보다 부지런히 일하셨다. 우리 집에는 댓돌 위에 밥알이 떨어져도 깨끗해서 주워 먹겠다며 동네 사람이 입 모아 칭찬했다. 무거운 푸성귀를 이고 읍내로 장사 다니는 중에도 살림은 항상 정갈하게 꾸리셨다.

그런 어머니를 보며 자란 우리도 어릴 때부터 동네에서 부지런한 또순이 자매로 소문이 났다. 청소하더라도 다른 사람보다 깨끗이, 옷도 깨끗하게 빨아 입고 다녔다. 조개를 캘 때도, 나물을 뜯을 때도, 나무를 하러 다닐 때도 또래들보다 늘 앞섰다. 살림살이가 넉넉지 못해도 어머니는 내 집에 온 거지에게 빈손으로 보내는 법이 없었다. 동네에 길흉사가 있을 때마다 옷 마름질은 당연히 엄마의 몫이었다. 병원이 멀리 떨어져 있었기에 동네 아기가 경기라도 하면, 급히 둘러업고 뛰어오는 곳도 우리 집이었다.

내 남편을 한 동네에서 삼았다고 흐뭇해하며 아들같이 사랑했다. 삼대에 걸쳐 적선해야만 동네 혼사가 이뤄지는 거라며. 더구나 오빠와 언니가 말리던 우리의 결혼을 어머니는 단번에 승낙하셨다. 사위에게 업혀 병원에 다닐 때 "이놈아, 천천히 좀 가자. 넘어질라." 하시며 행복한 미소를 지으셨다. 어쩌다 모녀가 다투어 어머니가 서울 아들 집으로 간다고 가방을 챙겨 들고 나설 때가 있었다. 고집 센 내가 잘못을 빌지 못하고 끙끙거리고 있으면 남편이 나섰다. 지름길로 뛰어나가 어머니에게 맘에도 없는 아내 욕을 퍼부었다. "저 사람 고집을 꺾어 놓기 전에는 못 떠나십니다." 하고 어머니를 달래어 걸음을 되돌리게 했다.

덩치 큰 외손녀를 등에 업고 거친 숨을 몰아쉬며 용두산 공원을 오르내리셨다. 외손녀를 정성으로 키워준 덕분에, 딸이 수능시험에서 전국 여자재학생 중 수석으로 명문대학에 갔을 때도 기쁨을 함께 누리지 못하셨다. 살아생전의 일이었다면 동네방네 자랑하며 주름진 얼굴 가득 행복을 퍼 나르셨을 것이다.

딸만 둘인 내게 힘을 주려고 "아들은 죽어 효자, 딸은 생전 효자"라는 말씀도 가끔 하셨다. 어머니는 두 아들을 잃고 막내아들을 간신이 얻었다. 이 아들을 금지옥엽 키웠는데 아들은 하는 사업마다 실패했다. 그때마다 새벽이면 정화수 떠놓고 간곡히 빌던 어머니의 기도를 생각한다. 그런 어머니의 길을 따라왔지만 나는 그 반도 이르지 못함을 자책한다.

"이젠 욕심을 좀 버려라. 이만하면 됐지. 죽을 때 다 놓고 갈 건데 일을 줄이고 몸도 보살펴라. 주위도 돌아보면서 여행도 다니고 느긋하게 살아라." 라고 하시던 어머니는 정작 당신 자신에게는 그러지 못하셨다. 자식 걱정뿐 아니라 어렵고 외로운 처지의 이웃을 늘 생각했다.

모든 꽃이 시들어 떨어질 때 제 계절이 저물도록 향기를 뿜는 국화. 척박한 땅에서도 고고하게 피어나 향기를 뿜는 국화야말로 어머니의 분신이 아닐까. 국화의 계절이 오면 은은한 국화 향이 전신에 스며든다. 그리운 어머니의 향기다.

극성 아빠

새벽 다섯 시다. 나의 살던 고향은 꽃피는 산골~ 경음악이 조용히 흐르고, 음악과 함께 나의 하루도 시작된다. 막내가 고3이니 엄마 마음도 고3 마음이나 진배없다. 그러나 가게 일로 바쁘니 아이를 도울 게 그리 많지 않다. 할 수 있는 일이란 아이보다 한 시간 더 일찍 일어나 아이가 서둘지 않도록 이것저것 챙기는 일이다. 오늘은 일주일에 두 번 해주는 김밥 싸는 날이다.

이 시기에는 아이에게 음식 잘 챙겨 먹이고, 마음을 편하게 해 주는 것이 돕는 일이라 생각한다. 한데 편식이 심한 작은딸이 먹을 반찬 해주기가 영 마땅찮다. 남들은 공부하라는 소리가 입에 발렸다는데, 나는 그 소리 대신 채소 좀 먹으라는 말을 달고 산다. 큰딸은 기숙사 생활을 해서 그런지 아무거나 잘 먹는다. 그러나 작은딸은 젓가락이 나물 주위를 빙빙 돌다가는 도로 육류 쪽으로 가버린다.

그래서 낸 묘안이 먹지 않는 채소를 김밥에다 잔뜩 넣어 둘둘 말아 주는 것이다. 그렇게 하면 김밥 안에 뭘 넣었는지 묻지 않고 잘 먹는다. 아이들이, 세상에서 제일 맛있고 뚱뚱한 김밥이라고 일명 '엄마표 뚱뚱 김밥'이란 이름을 지어주었다. 엄마가 김밥 장사하면 대박 나겠다고 하는 칭찬에 피곤함도 싹 가신다. 그러나 맛있는 김밥도 자주 먹으면 물릴 거다. 나도 힘드니 일주일에 딱 두 번 만이다.

딸아이에게 아침밥 먹이고 도시락 준비가 끝나면 바통이 남편에게 넘어간다. 고3 아이의 황금 같은 시간을 아끼기 위해, 아니 성질 급해 허둥대다 다칠까 봐 신줏단지 모시듯 차로 학교에 데려다주고 온다.

부부가 겨우 한숨 돌리고 식탁 앞에 앉으면 7시가 조금 넘는다. 이제야 느긋한 기분으로 아침 식사를 한다. 비로소 일상의 얘기도 오간다. 남편과는 초등, 고등학교 동기이다 보니 친구들 얘기도 간혹 오가지만, 대부분이 딸 둘의 얘기다.

작은딸이 중학교 때 반장을 맡았을 때의 일이다. 남편이 선생님이 교실에 없는 쉬는 시간에 큼직한 꽃 화분 하나를 교실 앞으로 들고 갔다. 맨 앞자리에 앉은 딸을 일부러 못 본 체하곤, 뒤에 앉은 애들을 휘둘러보며 큰소리를 쳤단다. "김○○ 어디 갔어? 아빠가 왔다. 애들아, 이 반 반장 어디 갔어? 아빠가 급히 보고 가야 하니 좀 찾아줘."라고 하며 일부러 소리를 질렀단다.

짧은 스포츠형 머리에 빨간 티셔츠, 선글라스 너머로 보이는 매서운 눈초리의 아빠를 보여주어, 꼬마 반장을 무시하거나 왕따나 폭력을 미리 막자는 심산이었던 것 같다. 아빠다운 기발한 아이디어이긴 했다. 그 덕분인지 시내에서 제일 거센 학생들이 많다고 소문난 그 여중·고를 탈 없이 보내고 벌써 고3이 되었다.

제 아버지의 별난 행동에도 싱긋이 웃기만 하던 성격 좋은 막내도 수능이 다가오니 스트레스는 꽤 받는 모양이다.

"우리 둘 다 아이한테 성적 얘기는 아예 하지 맙시다."

고3 들어 극성인 남편에게 진작부터 해놨던 부탁이다.

"제 언니가 여자 재학생 중에 수능성적 수석으로 ㅅ 대를 갔으니 우리가 말 안 해도 작은애가 부담되겠지." 하며 내 말에 공감하던 남편이었다. 그런데 기어이 오늘 등굣길에 막내의 눈치를 슬슬 보며 일을 내고 말았다. 어떻게 성적 좀 더 올려볼 수 없겠느냐고 했다가 막내가 발끈한 모양이다.

제발 가만 놔두면 좋으련만, 아침부터 뭐 잘한 일이라고 내게 고해 나까지 발끈하게 한다. 하여튼 이런 극성 아버지도 드물 거다. 큰아이가 초등학교 6학년 때였다. 딸을 ㅅ 대학교 정문 앞에 데려다 놓고 사진을 찍어선 그 아이 책상 앞에 크게 붙였다. 그리고는 "네가 들어갈 대학"이라고 큰딸에게 부담을 주었다. 마치 자신의 극성 덕분에 그 대학에 간 것처럼.

딸들에게만 극성인 게 아니다. 인자하셨던 시어머니 대신 마누라 시집까지 살렸다. 가게 일에는 별로 신경 쓰지 않으면서 유독 가족들 일상에만 신경 줄이 뻗어있다. 우리 집엔 아버지와 어머니의 역할이 완전히 뒤바뀌었다. 애들 아빠가 워낙 극성인지라 엄마까지 나부대다가 애들의 숨통을 조일 것만 같아 멀찌감치 바라보고만 있다.

작은딸은 제 아빠를 닮은 언니와 달리, 엄마를 닮아 작은 키에 7세에 초등학교에 들어갔다. 유치원 때부터 고등학교 3학년 때까지 키가 반에서 다섯 손가락 안에 들었다. 학급 간부까지 맡아가며 건강하게 잘 버텨주는 것만도 고마운 노릇이다. 한데 어른이 말썽이다. 가만히 놔둬도 웬만한 사 년제 대학은 갈 수 있을 것인데, 아침부터 아이를 건드려놓으니 참으로 못 말리는 아빠다.

좋은 대학을 가려면 할아버지의 능력, 엄마의 빠삭한 정보, 아빠의 무관심이 필수라는 말이 떠돈다. 하나 우리 집은 해당 사항 없음이다. 다만 아빠의 지나친 관심과 극성이 스트레스가 될까 봐 더 걱정이다. 딸들에 대한 욕심이 지나쳐 그동안 나 모르게 아이에게 닦달한 것 같아 가슴이 답답하다.

"최선을 다하여 공부하되 너무 무리하지는 마라. 나중에 좋은 직장 못 구하면 엄마 일을 물려받아도 괜찮을 듯하구나." 하는 나에 비해, 우리 때는 형편이 어려워서 공부를 제때 못했지만, 아이들만은 명문대에 보내겠다는 남편. 그러면서도 비싼 사교육은 손 내젓는 깐깐한 남편이다.

제발 부탁하건대 고3을 그냥 그 자리에 가만히 좀 놔두세요. 지금은 묵묵히 지켜보고만 있으라니까요.

남편의 민둥머리

남편은 요즘 키로 중키밖에 안 된다. 170cm를 조금 넘는 키다. 그러나 작달막한 내가 보기엔 중키 이상으로 커 보인다. 긴 얼굴에 짙은 눈썹, 우뚝한 코, 붉은빛이 감도는 입술은 제 눈에 안경이라고 내 눈엔 언제 보아도 호남이다. 꼭 집어 티를 잡자면, 화가 날 때 삼각형이 돼 버리는 날카로운 눈매다. 이것 때문에 첫인상이 풍기는 이미지가 강하다.

성격도 외모와 크게 어긋나지 않는다. 그는 입이 짧은 나와는 달리 편식하지 않고 양껏 먹는다. 십 년째 70kg을 크게 넘나든 적 없다. 젊을 때 운동을 한 덕분인지 옷걸이가 알맞아 아무 옷을 입어도 무난히 어울린다.

A형에 가까운 O형인 나와는 달리 O형에 가까운 A형인 남

편은 비교적 내성적이다. 해서 남들 앞에 나서기를 달가워 하지 않는다. 그러나 남편은 남다른 뚝심으로 도매시장에서 목소리를 내고 있다. 한 동을 대표하는 무료봉사 조합장 자리에 7년씩이나 만장일치로 추대돼 연임하고 있는 일이다. 타고난 근면성은 없지만, 사치와 허례허식과는 애당초 담쌓고 살았다. 이런 남편이 자수성가해서 살아온 지 곧 이순이다.

우리는 시골 한 마을에서 만났다. 초등학교와 고등학교를 한 반에서 2년씩이나 공부하고 나와 부부 연을 맺었다. 어쩌면 태어나기 이전부터 장차 부부로 맺어질 인연이었던가 싶을 때도 있다. 때로는 친구처럼 다정할 때도 있다. 하지만 엄한 시어미 노릇도 도맡아 하려 했다. 삼십여 년 결혼생활을 해 올 동안 사소한 일에도 억눌려 살아왔다. 그 억울함이 쌓여 내 회갑을 계기로 더는 못 살겠다고 크게 반기를 들었다. 남편은 "이제 딸들 결혼 다 시켰으니 배짱이다 이거지" 하고 씩씩거렸다. 그래도 마음을 움직인 게 있었던지 시집살이 고삐를 조금 늦춰주려는 기미를 보였다.

그런 그가 두어 달 전, 느닷없이 머리를 스님처럼 빡빡 밀고 들어왔다. 해명인즉, 머리에 난 부스럼이 잘 낫지가 않고 머릿결이 세고 숱이 많아 손질하기가 귀찮아서라고 한다. 내가 보기에 그 말은 핑계로 들렸다. 하긴 몇 년 전부터 머리를 싹 밀고 싶다는 말을 하긴 했다. 그럴 때마다 제발 딸들 결혼이나 시켜놓고 맘대로 하라고 했던 터다. 그러나 마누라가 주는 눈치 따위는 염두에도 없는 듯했다. 젊었을 때는 스포츠형을 즐겼고, 한때는 머리를 길게 길러서 파마한 적도 있었다. 그럴 땐 예술가처럼 그럴듯해 보여서 이러니저러니 말리지도 않았다.

한데 이순이 넘어 생뚱맞게 민둥머리라니. 이건 좀 심하지 않은가. 내가 반대할까 봐 한마디 언질도 없이 벌거숭이 뫼같이 허옇게 밀고 들어오니 어이가 없고 황당했다. 그 얼굴을 가만히 바라보고 있으면 기가 차서 헛웃음만 나온다. 말린다고 꺾을 고집도 아니니다. 이왕 소원대로 깎은 머리니 여름만 지나고 스포츠형 머리로 기르라고 신신당부를 한다. 어찌 보면 사람에게 혐오감을 줄 수도 있는 머리 모양이니 싫증이 나겠지 싶었다. 그러다 이제는 타이르기도 다 포기하고 자신이 하고 싶은 대로 내버려두기로 했다.

오죽하면 일 년에 한두 번 만나는 처제가 형부를 못 알아보았을까. 고향 동창생 한 사람은 지난 동창회에서 "니가 누고?" 하더라나. 남들 눈에 비친 그 황당함이 짐작 간다. 가게 단골손님들은 한술 더 뜬다. 왜 저렇게 머리를 다 깎도록 그냥 뒀느냐고. 무슨 큰 병이라도 걸렸나 하고 주변 사람들이 돌아가며 물을 정도다. 도둑이 든 줄 알고 한참이나 옆집에서 지켜봤다는 사람도 있다.

하루는 물건 사러 온 손님이 보고는 웬 스님인가 하고 고개를 갸우뚱한다. 한 보름을 시골 농장에서 풀을 베고 왔으니, 그러잖아도 검은 피부가 떠도는 탁발승 같기도 했다. 그 중에서 제일 후한 인사는 더 젊어 보이고 꼭 일본사람처럼 보인다는 말이다. 일본인을 동경할 남편도 아니고, 더 젊어 보이고 싶단 생각은 더더욱 아닌 것을 내가 더 잘 안다. 나와 한바탕 전쟁을 벌인 후 삭발을 했으니, 기실 새로운 결심으로 육순 이후의 삶을 살아보겠다고 내린 결단인지도 모를 일이다.

"나는 역시 머리 6밀리에 수염 3밀리가 딱이야. 입맛대로 미니까 보기 좋고 경제적인데 웬 시비들이야. 머리를 밀고 싶어도 아무나 못 민다구! 뒤통수가 이만큼은 되니까 밀지. 누구라도 생각 있으면 공짜로 싹싹 밀어줄 테니, 다 오라고 해."

이젠 능청까지 부린다. 스님 소리까지 들으니 민망하긴 한가보다. 요즘은 민둥머리를 겨우 면할 정도로 머리를 길렀다. 거기 맞춰 콧수염까지 길렀으니 말 많은 부산국제시장 안이 조용할 리 없다. 핑곗거리인 부스럼도 다 나은 것 같은데, 이발비 아깝다며 이발기를 사다 놓고 밀어붙인다. 그러고는 거울을 보며 흐뭇해 하는 모습이라니.

사람들이 남편의 머리를 두고 하는 말이 중구난방이다. 요즘은 좀 길어 5~6mm 길이로 고정되었으니 그나마 좀 나아졌다. 그러나 구관이 명관이라고, 평범한 머리 모양이 싫으면 스포츠머리로라도 돌아왔으면 좋겠다. 잘생겨 보이던 예전 머리와 함께 아내를 위하는 마음도 돌아오길 기대한다.

思母曲

호미도 날이 있지마는
낫같이 잘 들 리가 없습니다
아버님도 어버이시지마는
위 덩더둥셩
어머님같이 아껴주실 이 없어라
어머님같이 아껴주실 이 없어라

- 고려가요 <사모곡>

어머님같이 아껴주실 이 없어라. 어머님같이…. 이런 어머니를 떠올리면 내 마음은 하냥 통영으로 달려갑니다. 어머니는 예전으로 치면 알맞은 키와 적당한 체중에 이목구비가 뚜렷했지요. 거기다 영리하기까지 하셨지요. 아홉 살에 당신 어머니가 돌아가시고 새어머니가 들어오면서, 한글을 깨치자 들어갔던 소학교도 저학년에서 그만두고 말았다지요.

집안과 인물 덕분인지 어머니는 남들이 부러워할 인근의 통영으로, 배가 몇 척이나 된다는 부잣집으로 시집을 갔다 했지요. 아버지가 아들 많은 집안의 넷째라 제 몫을 타서 어머니의 고향이자 제 고향인 고성읍으로 분가하셨고요.

어딘가 좀 허술한 듯 보이는 이들이 더 잘 산다 했던가요. 서른셋에 남편을 병으로 잃고, 그 병시중에 가진 전답 다 날리고, 살아갈 길이 망연해 맥 놓고 앉은 젊은 어머니 모습이 눈에 아른거립니다.

그러나 정신 차리고 일어나 어느 누구보다 열심히 일하셨지요. 생활 속에서 그런 성실함을 보고 배웠기에 그 자식들도 어머니 못지않게 열심히 살았답니다. 과욕은 금물이라고늘 강조하셨지요. 해서 이만큼 사는 것에 만족하고 감사하며 더 욕심내지 않습니다.

푸성귀를 읍내 장터에 내다 팔아 살림을 꾸리는 힘든 중에도, 밤이면 심청전이나 불경 같은 글 읽기를 즐기셨지요. 그 덕분에 형제 중 어머니와 시간을 가장 많이 보낸 저도 책이 좋아 즐겨보게 되나 봅니다.

어머니,

몸이 허약하신 어머니를 고향에 두고 부산으로 떠나온 것은, 제 꿈인 배움에의 갈망 때문이었습니다. 낮에는 국제시장의 도매상 직원으로, 밤에는 용두산 공원 인근 야간여중에서 또래들보다 삼 년이나 늦은 공부를 시작했지요. 오빠, 언니가 워낙 성실하게 일해 더 큰 꿈을 안고 서울로 일자리를 옮기게 되자, 운 좋게도 제가 돈 벌며 공부하는 떡을 양손에 쥐었던 게지요.

그러나 남의 돈 벌기가 그리 쉬운 일이던가요. 단골 지각생이란 딱지를 이마빼기에 붙이고 다녔지요. 가게 휴일도 반납했지요. 잘 팔리는 제품 만드는 일을 도와야 했으니, 하고 싶은 공부들 할 시간이 있어야지요. 다행히 고향 동네 초등학교 동창생인 우리 부부는 의기투합해 야간 고등학교를 함께 마쳤답니다. 늦은 나이에 국립 방송통신대학교를 영광스럽게 졸업할 수 있었던 것도 다 부지런한 어머니가 정신적 지주가 되어주셨기에 가능했던 일입니다.

어머니, 당신이 언젠가 그러셨지요. 지나칠 정도로 야물게 가르쳐서 딸들이 살 붙을 사이도 없이 바쁘게 산다고. 이젠 이만하면 됐으니 더 욕심내지 말라고, 욕심이란 끝이 없다고. 예, 어머니. 그 말씀 새겨들어 이젠 일도 좀 줄이고 살다 보니 체중이 늘었어요. "돈 벌어 다 무엇 하느냐. 약 좀 해 먹어라." 하는 이야기는 듣지 않고 산답니다. 그러니 저희 걱정일랑 마시고 편안히 쉬세요.

어머니, 몇 년 후면 저도 어느덧 어머니가 돌아가신 그 나이가 됩니다. 딱 회갑까지만 가게 일을 하겠다던 오래전 계획이 무산되었어요. 지난해 맞은 회갑을 넘기고도 아직 이러고 있답니다. 요즘은 회갑이면 청춘이라고들 한다니 길어진 세월만큼 좀 더 버텨볼까 합니다. "죽으면 다 놓고 갈 긴데 잉가이 해라." 하시던 어머니 마지막 말씀이 오늘따라 더 생각나고 그립습니다.

어머니, 인제 저에게 남은 꿈이 하나 있다면 느긋하게 나를 돌아보며 좋은 글을 써보는 것입니다. 일을 포기해도 어려울 그 큰 꿈을, 돈 욕심에 아직 이러고 있는 제가 가당키나 할까요. 그래도 저는 끝까지 포기하지 않을 것입니다. 그러니 이제 그만 좀 편히 살라고 나무라진 마십시오. 비록 늦은 나이에 시작한 글공부지만, 사람의 평생을 24시간에 비유할 때 저는 회갑을 막 넘겼으니 겨우 18시를 지난 시간이니까요. 시간이 없다고 포기하기엔 여기까지 달려온 제 인생 전부를 포기하는 것 같아 싫습니다.

괴테는 《파우스트》를 예순에 시작해서 팔순이 넘어 끝냈다고 합니다. 미켈란젤로는 구순에 로마의 성베드로대성당의 그 유명한 벽화 '천지창조', '최후의 심판' 등을 그렸다지 않습니까. 우리나라 유명 작가들도 대부분 고령에 창작에 골몰하고 있는 줄 압니다. 아일랜드의 유명한 극작가인 버나드 쇼는 묘비명에 '우물쭈물하다가 내 이 꼴 될 줄 알았다.'라고 새겨서 세상을 떠나면서까지 많은 이에게 감동을 남겼답니다. 그렇게 유명한 사람도 어영부영하다가 생을 마감한 게 아쉽다는 표현을 했더군요. 저도 가족을 위해 다했던 시간을 한 귀퉁이 떼어내어, 언제 끝나도 후회 없을 삶을 살도록 남은 하루하루에 충실할 것입니다.

가만히 생각해보면 지금 어머니 뒤를 따라간다 해도 별 미련은 없을 것 같습니다. 지금껏 최선을 다해서 살아왔기 때문입니다. 모두 어머니가 아버지 몫까지 챙겨 강하게 키워주신 덕분입니다. 어머니의 딸이기에 가능했을 것입니다.

어머니, 아버지 없이 우리 자식들을 건강하게 잘 키워주시고도 모자라 편찮으신 몸으로 제 큰딸을 업어 키워 주셨지요. 호적이 꼬인 당신 사위가 맘 놓고 군 복무 마치고 오라며, 장사 나간 딸 대신 덩치 큰 외손녀를 등에 업고 다리를 절며 들락거리시던 어머니의 모습이 눈에 아른거립니다. 그 은혜를 제가 보답할 시간도 주지 않고 뭐가 그리 바빠 급히 가셨나요? 당신이 다리 절며 업어 키운 그 외손녀가 올해 삼십팔 세가 되었답니다. 제가 꼭 그 나이일 때 어머니가 돌아가셨더군요. 철들자 어머니는 가고 없더라는 말이 저를 두고 한 말 같아 가슴이 시립니다.

모든 곳에 신이 있을 수 없어서 어머니를 대신 놓는다고 했던가요. 저 또한 물려받은 어머니 자리를, 어머니가 예전에 그랬듯 열심히 이어나갈 것입니다. 어머니의 반도 따르지 못할지라도, 저도 딸들에게 한없이 그리운 어머니로 남고 싶어서요.

어머니의 92회 생신을 기리며, 어머니가 좋아하시던 꽃 한 아름 안고 통영 바닷가로 찾아뵙겠습니다.

어머니 생신에 둘째 딸이 띄웁니다.

연하의 남편

그는 키가 크고 얼굴이 길쭉하고,
나는 짜리몽땅하며 둥글넓적하다
그는 입이 건 육식주의, 나는 입이 짧은 채식주의
그는 노래를 유창하게 부르지만 나는 음치이다.
그는 질보다 양, 나는 양보다 질
나는 벽에 그림을 걸어두고 감상하는 걸 즐기고
그는 벽에 붙이는 건 질색이다
나는 내 집에 온 걸인을 빈손으로 안 보내는데
그는 나 같은 사람이 그들 게으름을 키운다고 잔소리다
나는 생김치를 길이대로 쭉 찢어 먹건만
그는 음식이 길면 가위로 난도질한다
나는 옳다고 생각하는 일은 굽히지 않는 O형
그는 사사건건 제동을 거는, 소심하지만 원만한 A형

한 살 연하의 남편과 서로 질세라 깐족대며 살아온 지 40년이다. 누군가 연상의 아내로 살아오며 느낀 장단점을 경험에 비추어 들려 달라 하면 할 이야기가 많다. 만약 내 딸들이 연하의 사윗감을 데려온다면 조건이 아무리 좋아도 반대했을 것이다.

우습게도 나에게 아들이 있다면, 도둑 심보일지 몰라도 한두 살 연상의 며느리는 괜찮다고 했을 것이다. 연상인 여자 쪽이 손해를 보는 결혼이기 때문이다. 물론 세 살 이상 연상의 며느리는 원치 않는다. 여자가 세 살 이상 나이가 많으면 그 가정이 평범한 가정을 꾸릴 것이라고 장담할 수 없어서다.

요즘 주변에 보면 여자가 연상인 부부도 많고, 열 살 연상인 아내도 있다. 하지만 그들이 과연 남편과 아내로서의 진정한 행복을 맛볼 수 있을지 의문이다. 자녀들이 태어나면 어쩔 수 없이 그 끈에 서로 묶여 살아가면 모를까. 평범한 결혼생활은 아닐 거라는 견해를 갖고 있다. 물론 이런 말은 연하 남편과 사는 순전한 내 생각일 뿐이다.

내가 생각하는 부부의 적당한 나이 차는 남자가 한두 살 위인 것이 으뜸이다. 그러나 남자가 대여섯 살 연상인 차이까지는 괜찮다고 본다. 물론 남자가 한두 살 연하까지도 그런대로 괜찮다고 생각하지만, 특별한 인연이 아니라면 사회에서 평준화된 연령차가 제일 좋을 듯하다. 스무 살이나 어린, 자식 같은 신부를 맞았다고 혹은 열 살이나 어린 남편을 만났다고 자랑스레 말하는 게 아직 받아들이기 쉽지 않다. 그 결혼이 과연 얼마나 오래 유지될까 하는 기우를 하게 된다. 살다 보면 서로가 후회할 수 있을 거란 생각도 든다. 결혼이 손익을 따지는 관계는 아니지만, 나이 차가 심하면 뭔가 부자연스럽다. 그래도 남편은 여자보다 한두 살이라도 위라야 위신도 선다는 게, 한 살 연하의 남편과 오래 살아본 내 지론이다.

연하의 남편은 아내보다 뭔가 아래라는 선입견에 평생 자존심을 더 내세우는 것 같다. 사사건건 아내가 피곤할 수밖에 없다. 나 역시 자존심과 고집이 센 편이다. 그러나 남편을 만나면서부터 그 잘난 자존심은 사라졌다. 네댓 살 아래의 아내가 어디서 가져온 존수인지도 모르는 오빠라는 호칭을 쓰며 말을 탁탁 놓아도 애교로 봐 준다. 반대로 연상의 아내가 "빨리 와 밥 먹자!" 하면 존대하는 분위기가 아니라 맘을 상할 수도 있을 것이다.

우리 부부는 시골의 한 동네에서 자라 초등학교 3년을 한 반에서 보냈다. 그리고 야간 고등학교에도 같이 들어가 한 반 동기생으로 졸업했다. 교대로 방송통신대학교도 다녔다. 누가 봐도 친구로 부부로 말을 서로 터놓고, 조금은 격의 없이 지낼 수도 있는 사이다. 서로 자존심만 조금씩 내려놓는다면 말이다.

가게 일과 집안일은 내가 70%를 해내고 있다. 그러나 그 외 모든 면에서는 남편을 따라잡을 수 없다. 가령 영어, 한자, 수학, 음악, 정치 따위는 내가 평생 따라잡지 못할 분야다. 특히 컴퓨터는 도매상 일에도 바쁜 내가 따로 배울 수도 없어 남편의 도움을 더러 받고 있다. 이런 남편이 자존심을 앞세워 아내가 나서는 것은 질색이다.

다행히 내 딸들은 엄마의 어려움을 보고 자라서인지 가장 알맞다고 생각한 한 살, 두 살 위의 알맞은 나이 차의 남편을 맞았다. 이는 내가 평소 바라온 사윗감의 조건이었다.

그렇다고 남편이 사위들보다 못하다는 게 아니다. 시쳇말로 '사'자 붙은 사윗감들이지만 세상을 살아가는데 꼭 필요한 지혜랄까, 성실함이랄까. 요즘처럼 시험을 위한 학교 공부만 하고 대학을 나온 이들보다는 고생하며 자란 내 남편이 더 박식하고 지혜롭다. 나는 그런 남편을 누구보다 믿고 존경한다. 단지 연하라는 그 자존심이 문제다. 친구들 앞이거나 친지들, 하물며 남들 앞에서도 자기는 아내에게 말을 예사로 놓는다. 그러면서 내가 어쩌다 실수로 말을 놓기라도 하면 그날 밤은 푸닥거리라도 하려고 든다. 가끔 선심 쓰듯 내게 존댓말을 하긴 한다. 오죽했으면 초등동창회엔 남편이, 고등동창회엔 내가, 서로 갈라져서 나가겠는가.

사람마다 생김새가 다르듯 성품도 제각각이다. 장단점도 나름대로 다 있다. 남편이 나보다 연하라서 그러리라곤 생각지 않는다. 남편은 성실하나 고집이 세고 자존심도 강하다. 개성도 뚜렷하다. 아무리 형제간이라도 한번 한 약속을 두어 번 어기면 다시 보지 않으려 한다. 그만큼 자기 자신에게도 철저하다. 숱 많은 머리카락을 십 밀리 길이도 채 안 되게 정해놓고, 이발기로 3일이 멀다고 밀어붙인다. 보통 사람들은 엄두를 못 낼 일이다. 길을 가면서도 조폭으로 보여 시선을 모으는 이유다. 그러나 법 없이도 살 사람이다. 어려운 이들을 그냥 지나치지 못하는 아내를 눈감아주며, 우리가 조금 손해 보며 사는 게 낫다는, 나와 같은 생각을 하는 사람이다.

때로는 지나칠 정도로 자존심을 내세워 별것 아닌 일에도 사람을 들볶아댄다. 그런 이유로, 살아오며 스트레스를 적잖이 받았다. 헤어지고 싶을 때도 잦았지만, 딸들 결혼할 때까지만 참아보자 달래며 살았다. 그래도 딸들의 아버지인데 생각하며 그럭저럭 살다 보니 결혼 40주년을 맞았다.

부부의 일이란 부부밖에 모른다고 하듯이, 남들 눈엔 진종일 붙어 지내는 우리가 다정하게 보였던가. 더러 부러워하는 이들이 있다. 하긴 잔소리가 많은 대신 잔정도 많은 것은 사실이다. 모두 다 나 하기 나름이지 어디 별사람이 있나 싶다. 이제는 서로의 눈빛만 보고 음성만 들어도 서로를 이해하게 되었다. 헤어져야겠다는 생각은 눈곱만큼도 없다.

한가한 철이면 가끔 운동 삼아 남편과 걷는 퇴근길이 푸근하다. 또래 남편들은 벌써 영감이 다 됐는데 남편은 아직 젊다. 짜리몽땅한 아내보다 체구도 듬직하다. 외모만 보고서는 함부로 깐족거리지 못한다. 거기다 아내의 무거운 가방까지 자처해 들고 다니는 애처가이기도 하다.

그래도 말이다. 그래도 다음 생에는 연하의 남편은 사절이다.

2014년 10월 20일 결혼 40주년에

어머니 유품을 나라에 팔아먹고

거래하는 은행에서 금을 받는다는 첫날이다. 돌아가신 친정어머니의 유품인 금팔찌를 국민은행으로 보냈다. 오래전 한창 금 계 모임을 많이 할 때 딸들 시집보낼 때 해주려고 덩어리째 해 둔 것과, 아이들 돌 반지 하나씩만 기념으로 본인들에게 넘겨주고 내 목걸이 등을 몽땅 챙겨 보냈다.

우리나라 여염집치고 금 없는 집이 어디 있겠는가. 단지 그 양이 많고 적음이 다를 것이다. 나라가 위태로운 지경인데 다들 절반씩이라도 내놓는다면 큰 도움이 될 것 같다. 그것도 공짜가 아닌 현 시세대로 대금을 지급해 준다니, IMF의 책임이 누구에게 있건 나라부터 구하고 볼 일이다.

좀 더 많이 가진 사람이 좀 더 많이 내놔야 할 판국이다.

더구나 책임이 큰 정치인과 고위 공직자, 재벌이 소유한 금은 서민들의 돌 반지에 비교할 바가 아닐 게다. 그런데도 그들이 솔선해서 금을 내놓고 있다는 기사가 눈에 띄지 않는다. 적게 내면 겨우 그것뿐인가 할 것이고, 많이 내면 많이도 쟁여 놨다고 그럴까 봐 망설이고 있는 걸까. 모두 마음을 비우고 도둑이 들까 걱정되는 장롱 속보다, 나라에 잠시 보관한다는 생각으로 참여하면 좋겠다.

나 역시 대단한 애국자는 못 된다. 그러나 나라가 어렵다고 난리인데 모른 척하는 것은 국민 된 도리가 아니라고 본다. 효녀도 못 되기에 하나 물려받은 어머니의 유품까지 나라에 팔아먹었다. 그러나 금을 내놓는 일은 어머니의 사랑하는 자손들이 살아나갈 이 땅을 지키는 일이다. 그것으로 조금이나마 도움이 된다면 어머니도 분명 나무라지는 않을 것이다.

텔레비전 뉴스에서는 우리나라가 외환위기에 처해 어렵다고 난리다. 가진 금붙이가 있으면 좀 맡겨달라고 호소하고 있다. 이게 어디 흘려듣고 눈감을 남의 나라 얘기인가. 일단 나라를 살려놓자. 그런 다음 나라가 이 지경이 된 게 누구의 잘못인지 천천히 따져보자.

※ 외환위기 때 신문 독자 투고란에 보내려고 썼던 글이다. 며칠 미루고 있는 사이 전국에서 금이 쏟아져 나왔다. 그러면 그렇지, 우리 민족이 어떤 민족인데. 성질 급한 내가 늘 문제지, 하고는 이 글을 부치지 않았다.

두 아버지

내가 두 살 때 아버지가 돌아가셨다. 첫돌을 채 지나지 않았으니 겨우 만으로 한 살이다. 이런 나와 오빠와 언니, 요즘 같으면 결혼도 안 했을 나이인 33세의 젊은 어머니가 남겨진 가족의 전부였다.

경남 통영시 도산면 저산리라는 곳이 아버지가 태어나 삼십여 해를 사신 곳이다. 아버지 집안은 고깃배를 몇 척씩 부리며 떵떵거리던 집이었다. 그러나 동네 입구이자 목 부분에 해당하는, 바다와 동네가 한눈에 내려다보이는 큰집의 넓은 밭에 초등학교를 짓고 조상들 묘를 이장하면서부터 정씨가문이 쇠락의 길로 들어섰단다. 바다에 나간 배들이 속속 풍랑을 만나고, 사람이 죽어 돌아왔다. 사람도 재산도 다

잃었다.

5남 1녀 중에 넷째였던 아버지는 배 타기를 거부했다. 당신 몫의 재산을 타서 어머니 고향이자 내가 태어난 통영 인근 고성읍으로 분가하셨다. 아버지는 36세라는 젊은 나이에 요절하기까지 몇 년 동안 폐결핵을 앓았다. 병세에 호전이 없었던가 보았다. 예쁜 아내와 토끼 같은 자식 셋을 두고 죽기 싫어 별의별 짓을 다 하셨다. 그땐 너나없이 집에서 아기를 낳았다. 출산 때 생기는 안태(임신부의 태아를 보호하는 막)를 큰 웅덩이나 저수지에 내다 버렸다. 이것이 그 병에 특효가 있다 해서 구하러 다녔다. 아기 낳을 집을 수소문해서 금방 버린 그것을 간짓대로 휘휘 저어 건져 올렸다. 이것을 구역질해가며 씻고 또 씻어 잘게 썰어, 본인에게는 고기라 속이고 약으로 먹였단다. 그뿐이 아니었다. 동네 야산에 묻어둔 아기집(독에다 어린아이의 시신을 넣어 돌로 덮어 묻어 둠)에 가서 짐승들이 파헤쳐 둔 독에 고인 물을 담아 와서 약으로 썼다.

병에 좋다는 조약은 다 써보았다. 정씨가문에 덮친 재앙이라 해서 큰 굿도 몇 번 했다. 별짓을 다 해봤지만 사람의 타고난 운명은 어쩔 수 없더라고 했다. 이는 언젠가 밭을 매던 어머니에게서 들은, 아버지의 병환에 관한 처음이자 마지막 얘기다.

나는 전쟁과 집안의 우환 속에 태어났다. 엄마 젖이 말라 만죽(밥 끓을 때 졸아든 물에 사카린을 탄 것)으로 겨우 연명했다. 그런 환경에서 내가 호적에 2년이나 늦게 올라간 건 어쩌면 당연했다. 거기다 젖배를 곯아서인지 열 살까지는 말라깽이로 골골 아팠다.

아버지가 살림 타서 나온 논은 당신 병시중 하느라 다 날렸다. 다행히 읍내 입구 기와집 한 채가 유산으로 남았다. 남은 재산 전부였다. 어머니는 집의 절반을 세를 놓고 인근 시골에서 농사지은 채소를 받아 읍내 장에 이고 가서 팔았다. 돈 만지는 재미와 자식들이 올망졸망 커가는 보람으로 고된 줄도 몰랐을 것이다. 그러던 중 언니 동생 하며 믿고 의지하던 이웃이, 계 모임으로 몇 년간 모은 돈을 몽땅 챙겨 야반도주해버렸다. 다시 맨땅에 주저앉은 어머니는 가보지 않은 삶의 길을 선택했다. 전부터 중매가 들어오던 15세 연상인 새 아버지와 재혼한 것이다. 아이 셋을 키우며 장사에 나설 엄두가 도무지 나지 않아서였다고 한다.

내가 일곱 살 되던 해에 새 아버지 동네인 율대리, 속칭 밤디라 불리던 곳으로 이사했다. 동네는 큰 밤디와 작은 밤디로 갈라져 있었다. 새 아버지는 작은 밤디에 살았다. 큰 소리로 부르면 들리는 새아버지 집 바로 위에 우리 집을 마련했다. 읍내의 기와집을 팔아 앞뒤로 텃밭이 딸린 방 두 개짜리 초가집을 샀다. 근처 천수답 논 두 마지기와 밭 두 마지기도 장만했다. 삼면으로 텃밭이 둘러싼 우리 집 울타리는 산딸기나무와 뽕나무로 된 나무울타리였다.

집 앞 텃밭 옆엔 작은 동산이 있었다. 몇 그루의 소나무와 밤나무가 있을 뿐, 보통 묘의 서른 개 남짓 합친 듯 큰 뫼였다. 동네 사람들은 이곳을 돈담이라 불렀다. 여름밤이면 이곳 정상 바위 근처는 동네 사람들의 쉼터 겸 사랑방이었다. 동산의 임자는 초등학교 같은 반 여자아이 집이었다. 이곳은 어릴 때 우리들의 놀이터이기도 했다. 아이들이 잔디썰매를 타느라 잔디가 웃자랄 새가 없이 패여 군데군데 흙먼지가 일어났다. 밤이면 청년들 노랫소리가 끊이지 않은 동네의 문화 공간이기도 했다.

그때 새아버지는 쉰 중반이었다. 보통 키에 인물이 준수했고 머리는 보기 좋은 반백이었다. 새아버지는 눈이 커서 눈보라는 별명이 붙어 우리 집은 눈보 집으로 불렀다. 나도 눈이 엄청 컸다. 새아버지가 낳은 친딸보다 더 새아버지를 닮았다. 새아버지는 죽산 박 씨로 두 번이나 상처했고, 며느리까지 본 처지였다. 해서 어머니는 재혼하는 조건으로 한 집 살림을 거부하고 호적도 합치지 않는다는 합의를 보았다. 덕분에 우리는 큰집 눈치 보지 않고 살 수 있었다. 물론 우리는 새아버지라 하지 않고 그냥 아버지라고 불렀다. 두

집도 큰집과 작은집으로 부르지 않고 윗집, 아랫집으로 불렀다.

아버지와 어머니는 의가 좋았다. 가끔 싸울 때는 재혼 조건으로 주기로 한 물 대기 좋은 논 두 마지기와, 농사를 지어먹고 있지만 등기를 이전해 주지 않는 논 문제 때문이었다. 또 어머니에게 신기가 있어 시난고난 아팠다. 그런 이유로 안방에 신줏단지를 모셔놓고 매일 절을 하니, 죽은 서방 모신다고 다툼이 있었던 것 같다. 나는 그런 아버지를 충분히 이해할 수 있었다. 어머니가 재혼한 지 5년 후 여동생을 하나 낳았다. 호적 때문에 아버지에게 올리지 못하고 큰아버지에게 올렸다. 아버지는 자식이 나면 논을 바로 이전등기 해주고 싶었을 거다. 그러나 어머니가 안방에 신을 두었으니 신경도 거슬렸을 것이다. 논은 우리가 부쳐 먹고 살았지만, 결혼도 하지 않은 오빠가 인근 읍내에 속옷 도매상을 차렸다가 실패해 결국 다 팔아먹었다.

'계모 득은 못 봐도 계부 덕은 본다.'는 옛말이 있다. 새아버지는 경제적 도움을 주거나 공부를 시켜주지는 못해도, 여자들이 못하는 논갈이 같은 힘든 일은 다 해주셨다. 장날엔 생선을 사 들고 우리 집부터 들렀다 가기도 하셨다. 전처 자식이 다섯이나 있었지만 우리도 다 공평하게 대하셨다.

내겐 두 분의 아버지가 계셨으나 생부는 사진으로 본 게 다다. 그분에 대한 추억거리도 거의 없다. 다만 1년에 한두 번 아버지의 고향에 벌초하러 가면 묘한 기분에 빠져들기는 한다. 바로 이 길이 생부가 태어나 다녔던 길이려니 여겨지고, 특히 아버지가 살았던 밭이 돼버린 집터에 서서 바다를 바라보기도 한다. 대충 서른 해는 살았을 이곳에서 아버지는 저 바다를 바라보며 무슨 생각을 했을까 하는 생각이 불현듯 들면 허탈한 미소가 머금어졌다.

반면 새아버지에 대한 추억은 많다. 처음 이사 왔을 때 어렸던 나는 어머니와 가끔 한방을 썼다. 아버지가 찾아와 주무시기도 했는데 잠결인 듯 들으면 늘 우리 걱정을 하셨다. 친아버지의 사랑을 못 받아봤지만, 그분이 계셨기에 아버지의 빈자리를 크게 느끼지 못하고 자랐다. 비록 그 곁에서 십 년을 못 지내고 부산으로 떠나왔지만, 아버지를 생각하면 먼저 떠오르는 분이다.

시간을 되돌려 새아버지와 어머니가 살아계실 때로 돌아가고 싶다. 받기만 했던 사랑을 이젠 맘껏 돌려드릴 수가 있는데 두 분은 추억 속에 그리움으로 남아 계시다. 대신 두 분이 남긴 한 점 핏줄인 동생에게 언니로서 도리를 다하리라 다짐한다.

덕성상회

덕성상회 손님들

내가 매일 만나는 손님들은 성격이 천층만층이다. 한 뱃속에서 난 자매도 성격이 제각각인데 하물며 서로 남남인 바에야 말할 것도 없다.

한 장소에서만 수십 년째 도·산매*업을 하고 있다. 옛말에 '갓 장수는 갓만 보고도 그 사람의 신분을 알고, 신발 장수는 신발만 보고도 귀천을 안다.'라는 말이 있다. 오랜 장사 경험으로 가게 앞에서 머뭇거리는 손님과 두어 마디만 나누어 봐도 상대에 대해 대충 감이 잡힌다. 물건을 떼어가서 장사할 산매상(소매*상)인지, 상인을 가장해 싸게 산 다음 선물용이나 서비스 용품으로 쓸 건지를. 한두 장 사면서도

* 산매: 판매자가 도매상에서 물건을 사들여 낱개로 판매하는 일.
**소매: 소매는 일본에서 온 한자어임. 순수 우리말이 아니라서 산매로 표현함.

애나 잔뜩 먹일 타입까지 대충 꿰뚫는다.

후자 같으면 하던 일을 계속한다. 황새가 여울 건너다보듯 손님들 질문에 건성으로 답하거나 관망하는 자세가 돼버린다. 도매로 떼어가는 이들은 비교적 오래된 산매상 단골이 많다. 설상 초면인 경우라도 도매가가 정확히 정해져 있고, 도매상끼리의 경쟁의식도 어느 정도 이해하기 때문에 그나마 좀 수월한 편이다. 간혹 미꾸라지 한 마리가 온 웅덩이를 휘젓듯, 이집 저집 들쑤시고 다니면서 집집에 스트레스를 주는 이도 없지 않다. 왜 저 집보다 비싸냐고 삶는 감자 찔러 보듯 푹푹 찔러 보고 다닌다. 귀가 얇은 이들은 한두 번 먹혀들었다가 온 시장과 공장에까지 잡음을 일으키기도 한다.

온갖 비용 다 제하고 나면 실제 이윤이 10% 안팎의 박리다매인 도매상이다. 생존하려면 가격이 아닌 신용으로 승부를 걸어야 한다. 빤한 것은 원가로 주며 구색을 갖추지 않고, 다른 집에 없는 제품은 폭리를 취해 눈앞의 이익만 좇다 보면 단골이 생기지 않는다. 그만큼 입소문은 무섭다. 어쩌다 생긴 재고 상품은 원가의 절반에라도 팔아주는 손님이 고맙다. 물건이 달리는 유행품이 되고 보면 그런 히트상품은 떠돌이 고객에게 돌아갈 리 없다. 그런저런 경험이 쌓이니 이런 지혜를 스스로 터득하게 된다. 그러니 초짜 상인이

아니면 상인들끼리는 비교적 서로 믿고 거래를 하는 편이다

산매를 하다 보면 '장사 똥은 개도 안 먹는다.'라는 말이 실감 날 때가 많다. 앞뒤 가게가 스카프 전문 매장이라 계절마다 유행하는 제품이 지천으로 깔린다. 스카프 한 장을 고른다며 수십 개를 펴보고 목에 둘러보고는 온다 간다는 말도 없이 사라지는 손님이 있다. 국제시장을 몇 바퀴나 돌았는지 한참 후 빈손으로 다시 들른다. 와서는 하는 말이 그래도 여기가 제일 많은 것 같다며, 그사이 정리해 둔 것까지 미안한 기색도 없이 흩트려 놓는다. 겨우 한 장 골라서는 집에 가서 옷과 안 어울리면 바꾸러 오겠단다. 경험상 그런 손님일수록 교환하러 다시 온다.

내가 젊고 성질이 팔팔했을 때는 입바른 소리를 곧잘 했다. 해서 그런 손님이 오면 더러 승강이를 벌이기도 했다. 이곳이 값비싼 백화점도 아니고 다 풀어헤쳐 놓고 파는 산매상도 아니잖은가. 한데 싸게 사러 왔으면 어지간히 고르라고, 여기서도 못 고르면 만들어서 쓰라고 손님을 내쫓듯이 보내기도 했다. 그런데 나이는 그저 먹지 않는다고 어느새 나도 이런 일에 만성이 돼 버렸다.

신년 초 구독하는 신문 오피니언 면에서 읽은 글이다. '아내는 반품의 여왕'이란 큰 제목이 눈에 확 들어왔다. 내용인즉슨, 아내와 옷을 사러 갈 때가 가장 고민스러운데 거기에

는 두 가지 이유가 있다. 우선 발품을 많이 팔아야 한다. 서울 외곽 아울렛 매장부터 동대문, 백화점까지 샅샅이 훑고 다닌다. 물론 단번에 사지 않는다. 그렇게 사들이는 게 끝이 아니라는 거다. 입어보기를 반복한 끝에 사 놓고서도 자주 반품을 한다는 얘기다.

이 글을 쓴 이는 다른 말을 언급하기 위해 서두에 자기 아내의 옷 구매 습관을 설명한 것 같았다. 그러나 일상적으로 별의별 손님을 다 상대하는 나로서는 고개가 절로 끄덕여졌다. 상인들이 얼마나 인내가 필요한 직업인가를, 장사를 오래 하다 보면 저절로 자신 수양이 쌓인다는 것도.

사실 이런 손님은 소수이다. 정 많고 맘 편한 사람들도 많다. 입은 옷과 잘 맞춰 골라주었다고 거듭 고맙다는 인사도 한다. 소매상에서 한 장 살 가격으로 이곳에선 두 장을 살 수 있다며 입소문을 내어 친구를 달고 온다. 인기 상품을 잘 선택해 주어 짭짤한 재미를 봤다고 좋아하는 산매상인을 보면 나도 즐거워진다.

내 돈을 벌게 해 주는 고마운 손님들이다. 내게 어울릴 것 같다며 모자도 사다 주고, 신어 보니 좋더라고 양말도 사다 주고 간다. 맛있는 걸 먹다가 생각났다며 단팥죽이며 과자도 사 들고 온다. 군것질을 좋아하지 않는다고 손사래쳐 봐도 소용없다. 재래시장에서만 볼 수 있는 후한 인심인지 모르겠다. 이렇게 달콤한 사람 냄새나는 손님이 더 많기에 장사치란 직업을 후회하지 않는다. 힘들지만 자부심을 가지고 일하고 있다.

장사하는 입장을 누구보다 잘 알아서인가. 수십 년 이런 저런 손님들과 부대끼고 보니, 내가 막상 손님 입장으로 쇼핑을 나가면 십중팔구는 첫 번째 집에서 뭘 사버린다. 그게 옷인 경우 치수가 안 맞거나, 어울리지 않는 옷을 샀다고 남편에게 잔소리를 곧잘 듣는다. 다음에는 좀 신중하게 고르겠다고 생각하면서도 시간이 흐르면 같은 실수를 반복한다. 이렇게 대충 산 옷은 경험상 싫증도 빨리 나는 경우가 많았다. 오래 입지 못하고 망설이다 결국 집 밖으로 나가는 보따리를 싸게 만든다.

나는 좀 깐깐하게 골라도 좋으니 후회 없는 선택을 하는 편이 낫다고 생각한다. 대충 선택해서는 입지 않아 경제적 손실을 보는 낭패를 피하려면 말이다. 두고두고 자신의 선택에 뿌듯함을 느낄, 까다롭다고만 생각했던 손님들이 내가 본받아야 할 대상임을 알겠다. 돌이켜보면 지난날 나를 힘들게 했던 손님들이 내겐 스승이었다. 세월만 한 스승도 없는 것 같다.

오늘도 나는 스승 같은 손님들을 기다리며 졸시 한 편 내건다.

덕성상회

봄이면 봄 스카프를 팔고
여름이면 손수건과 쿨 스카프와 부채를 팔며
가을이면 가을 스카프를 팔고
겨울엔 머플러와 숄을 판다
사계절 유행품을 팔고 있지만
유행을 타지 않는 딱 하나
'나'라는 사람이 사십 년째 버티고 있다

쥐도 말을 알아들을까

국제시장에 터 잡은 지 사십 년째다. 가게를 일구고 키워 오는 동안 쥐도 제집처럼 가게를 돌아다녔다. 그러니 이곳은 어쩌면 시장이 생긴 때부터 살아온 그들만의 천국인지도 모른다. 해방과 한국전쟁을 치르면서 형성된 부산국제시장은 개장 70주년을 앞두고 있다. 나보다 훨씬 이른 시기부터 그들 터전이었을지도 모를 일이다.

결혼식을 몇 달 앞둔 1974년 4월 중순, 가게를 개업했다. 1년 후 옆 가게 한 칸이 임대로 나왔다. 가게가 비좁아 애가 타던 터라 이웃이 쉬는 휴일에 확장공사를 급히 했다. 벽만 터서 세 칸을 합쳐 기다랗게 만들고, 당장 필요한 앞쪽 진열대만 신경 썼다. 그리고 방과 진열장을 붙여 진열대를 짜고 사람이 드나들 출입구만 틔었다. 진열대 아래쪽에 생긴 공간에는 빈 상자 따위를 쌓아두고 사용했다.

그런데 어두컴컴한 진열대 밑 안쪽 공간의 용도가 이상해졌다. 분위기가 은밀해져서인가, 밤이면 온 동네 쥐들의 놀이터가 돼버린 게다. 다른 가게에는 주인이 더러 바뀌면서 필요 없는 방을 없앴으니 쥐가 노닐 공간이 없었을 것이다. 더구나 2층 점포는 문이 셔터가 아닌 천막으로 되어있어 쥐가 들락거리기엔 안성맞춤이다. 한가한 여름에 책에 코를 박고 앉아 있으면 쥐가 슬그머니 기어 나와서는 앞 가게로 내빼는 것을 몇 번 보았다. 이놈들은 낮에는 찍소리 없다가 밤이 되거나 인적이 없다 싶으면 슬슬 나다닌다. 곳곳에서 쥐똥도 보였다. 쥐똥은 희한하게도 비닐이 싸인 물건 위나 한쪽 구석에 있어서 그로 인한 피해는 없었다.

우리 점포 아래층은 대를 이은 과자 집이다. 그곳에도 쥐가 많아 고양이가 밤낮 묶인 채 보초를 서고 있다. 시장 내에 하도 쥐가 득실거려 단체로 찐득이를 놓은 일이 있었다. 나는 붙잡혀 버둥거릴 쥐가 가엾어 덫을 놓지 않았다. 그런데 며칠 후 남편이 놓은 찐득이에 커다란 쥐 한 놈이 붙어있었다. 빠져나오려고 밤새 발버둥을 쳤던 모양이다. 덫을 질질 끌고 가며 팔 물건들을 물고 늘어진 흔적이 끔찍했다. 그로 인한 피해를 꽤 보았다.

나는 뱀과 모기, 강구, 지네 등을 제외한 동물 대부분을 좋아한다. 아파트에 개미가 들끓고, 가게에 쥐가 상주하는 걸 알면서도 잡으려고 하지 않았다. 아파트에서 공짜로 약을 치는 날도 우리 집엔 약을 치지 않는다. 사람에게 해를 끼치지 않는데 굳이 죽일 필요까지 있을까 하는 생각에서다. 물론 쥐는 쓰쓰가무시병, 유행성출혈열 등의 전염병을 유발한다. 그러나 전염병이 문제라면 집안에서 아이들과 뒹구는 고양이나 강아지, 황금햄스터라고 예외겠는가.

어릴 적엔 '쥐 잡는 날'이 있었다. 학교 숙제로 쥐꼬리 몇 개를 가져오라 했을 만큼 쥐 때문에 골치를 앓았다. 동네 방송을 하고 일시에 동네에다 쥐약을 놓았다. 가을걷이 따라 쥐도 집으로 들어오는지 특히 겨울엔 쥐가 득실거렸다. 창고가 따로 없던 우리 집엔 수확한 벼 가마니나 고구마 자루를 안방이며 작은 방, 부엌이며 마루에 쟁여 놓았다. 쥐는 온 집안을 제집처럼 돌아다니며 곡식을 축내면서 사람들 틈에서 살았다.

쥐가 새끼를 낳아 기르는 것도 예사로 봐왔다. 해서 징그럽다거나 혐오스럽게 여긴 적은 별로 없다. 김동인의 <배따라기>에서, 남편의 아내와 아우가 떡 상 앞에 갑자기 나타난 쥐 한 마리 잡으려고 난리를 피우다가 매무새가 흐트러지는데, 마침 장에서 돌아온 남편이 이를 보고 오해하여 결국 불행의 씨앗이 된 쥐 잡는 얘기나, 최인호의 가족소설 <어머니는 죽지 않는다>에서 온 식구가 밤중에 나타난 쥐 한 마리 잡는다고 큰 소동을 벌이는 것을 나는 좀 과장되었다는 느낌으로 읽었다.

어쩌다 개미나 쥐에게 먹이를 주는 게 눈살 찌푸릴 일인지도 모른다. 먹을 것이 없어 비누까지 갉아먹는 게 불쌍해 쥐에게 먹이를 주며 한 말을 알아들었을까. 비닐이 벗겨진 제품이 진열장 절반을 차지하고 있는데도 그 위에 오줌이나 똥을 싼 일이 없다.

그런데 얼마 전이었다. 손님이 가져온 곶감 한 상자를 잊어먹고 가게에 두고 간 적이 있었다. 아침에 출근해 보니 알맹이만 싹 다 가져갔다. 화가 치민 남편은 씩씩거리며 찐득이를 몇 곳에 놓았다. 흘리고 간 곶감 두어 개를 미끼로 놓으며 "요놈의 쥐새끼들 다 잡아야겠다."라며. 그때 쥐들이 남편의 말을 알아들은 걸까. 아니면 밤새 숨겨놓은 곶감을 다 빼앗은 화풀이일까. 덫 근처에도 오지 않고 해코지만 실컷 해 놨다. 국산 고급품만 진열한 스카프 한 줄을 하룻밤에 쑥대밭으로 만들어 놓았다. 요즘 한창 유행하는 폭신한 면 스카프 위에서 온 가족이 마지막 파티라도 한 모양이다. 가게 개업 후 쥐들이 준 두 번째 피해다.

쥐를 꼭 잡을 생각이면 음식물에 약을 넣어 몇 곳에 두면 될 것이다. 그러나 약을 먹고 손이 미치지 못하는 구석진 곳에 들어가 죽으면 어쩌겠는가. 진열대 앞면을 다 뜯어내는 공사를 해야 그 냄새를 제거할 수 있을 것이다. 꼭 이런 이유 때문이 아니라 그렇게까지 해서 죽이고 싶은 생각은 추호도 없다.

그들과 몇십 년을 한 공간에 있었으니 내 음성도 알아들을 것이다. 나는 화가 난 목소리로 쥐들에게 경고했다. 계속 물건에 해코지하면 약을 놓든지 덫을 놓든지 그냥 두지 않겠다고. 마치 밀란 쿤데라가 <참을 수 없는 존재의 가벼움>에서 베토벤의 4중주곡 마지막 악장의 모티브가 된 구절, '그렇게 해야 하나? 그렇게 할 수밖에, 그렇게 할 수밖에!'를 되뇌듯, 나도 그렇게 할 수밖에 도리가 없다고 구시렁거렸다. 그런데 거짓말처럼 쥐죽은 듯 고요하다. 아무래도 쥐들이 내 말을 알아들은 거라는 생각이 꼬리를 문다. 차후 어떻게 살아갈 건지 방법을 모색하는 중인지도 모르겠다.

"짐승에게는 영혼이 없다. 그러니 산 채로 해부 되는 개를 슬퍼할 필요가 없다."고 데카르트가 말했던가. 나는 참으로 냉정한 그의 말에 1%도 동의하지 않는다. 서생원들이여, 어쩌면 너희 조상 대대로 살아온 집일 수도 있을 테지. 그러나 잠시 뜨내기에 불과한 내 삶의 터전이기도 한 걸 어쩌면 좋으냐.

이 사건 이후 신통하게도 쥐들이 이사를 했나 보았다. 정말 내 말을 알아듣고 떼 지어 떠난 건가. 어째 시원섭섭한 게 뒤끝이 개운하지 않다. 그와 연관이 있는 건지 손님도 많이 준 것 같다. 나만의 기우일까.

그 놈의 계契 때문에

국제시장 상인을 상대로 계모임을 하던 계주가 낙찰계를 구멍 내고 야반도주해버린 사건이 일어났다. 오래전 일이다. 한 지붕 아래에서 이십여 년 넘게 이웃하고 살아온 사람이 저진 일이었다. 시장 안 수많은 사람의 돈을 떼어먹고 하룻밤에 잠적해버렸다. 시장바닥은 그야말로 벌집을 건드린 듯 소란이 일었다.

언론에서도 연일 보도가 되었다. 백억 대의 돈이 터졌다. 한데 이상하게도 텔레비전과 신문에서는 그 반도 안 되는 금액을 들먹이며 제각기 떠들고 있었다. 하긴 국제시장의 2공구와 4공구의 연이은 화재 때에도 실제 상인들의 피해 금액은 자취를 감추었다. 언론마다 피해 금액을 대폭 축소해서 보도했다. 피해가 더 늘어날지 모른다는 언론의 뒷말은 그때나 이번에나 하긴 했다.

얼마 전에도 가까운 어느 시장에서 계 사기사건이 일어났다. 사건의 경위를 신문에서 보면서, 우리가 겪은 충격과 피해 본 사람들의 참담했던 얼굴을 떠올렸다. 그때는 글을 써 볼 마음의 여유조차 갖지 못했다. 그런데 이번 사건을 지켜보고 겪으면서 계의 모순점을 들여다보게 되었다. 대중에게, 어리석게 손해 입은 우리들의 전철을 밟지 말기를 당부하고 싶어졌다.

내가 계를 처음 시작한 때는 내 집을 장만하면서부터다. 그 당시만 해도 은행 문턱은 턱없이 높았다. 담보물이 없는 우리 서민들은 은행융자는 꿈도 꾸지 못했다. 설상 담보물이 있다 해도 단기간에 쓰는 돈은 설정비, 사례비 등의 가욋돈과 이자를 합친 것이 곗돈 이자보다 비싸게 치었다. 또한, 재산을 저당 잡히는 찜찜한 마음과 복잡한 서류 등으로 은행을 꺼리고 계를 이용하는 것이 일반화되어 있었다. 한마디로 바쁜 시장 사람들이 앉아서 이용할 수 있는 제2 금융으로 계가 단단히 한몫하고 있었다.

계는 크게 나누어 낙찰계와 번호계가 있다. 시장 사람들은 급할 때 언제든지 이자만 조금 더 써넣으면 떨어지는 낙찰계를 더 선호했다. 번호계는 처음 시작할 때 자기가 계를 탈 번호가 정해진다. 목돈 마련이 목적인 사람은 은행이자보다 월등히 수익이 높은 뒷번호를 선호했다. 반면 돈이 급한 사람은 앞번호로 목돈을 먼저 쓰고 원금과 이자를 함께 갚아나가는 방식이다.

낙찰계는 이름 그대로 계원들이 매월 모여 그달에 돈을 가장 필요로 하는 사람이 이자를 더 써넣어 낙찰을 한다. 도망간 계주는 바쁜 시장 사람들의 심리를 이용했다. 계원들을 매달 모이게 하지 않고, 시장 안 계원 가게를 돌며 이자 써넣은 쪽지를 받아갔다. 당월 계 이자가 얼마에 낙찰됐다는 연락이 오면, 누가 곗돈을 타 갔는지 확인도 하지 않았다. 거기다 이자를 뺀 곗돈을 보내주곤 했던 게 계 사기를 도와준 꼴이 되었다.

계주는 이런 계를 몇 개씩 공공연히 모아 계원들 모르게 본인이 다 챙겼다. 굴리는 눈덩이가 커지듯 일은 점점 대담해졌을 것이다. 어음 할인까지 손을 대 피해 금액이 폭우 때 강물처럼 불어났다. 어음 오백만 원 한 장을 넉 달 기간으로 끊어 오면 3부 이자를 떼고 현금으로 바꿔주었다. 그 어음을 공장에 지급하면 물건을 팔아 남긴 이익보다 훨씬 나았다. 노름에서 쉬 손을 끊지 못하듯 이 쉬운 이익 남기기에 한번 맛 들이면 헤어나기 어렵다. 나도 두어 번 그 맛을 봤다. 남편의 단호한 반대에 슬며시 꼬리를 내렸던 게 그나마 피해를 덜 보게 된 내력이다.

계주의 신용도가 그리 높지 않다는 것은 짐작했다. 그래도 이십여 년을 그렇게 해 왔고 탈도 없었으니 설마 싶었다. 계원뿐 아니라 계원 친척, 친구들까지 끌어들여 피해가 엄청났다. 도매상인, 소매상인, 계주 아이들의 학교 학부형, 이웃 미용실, 식당, 길 커피집 심지어 목욕탕 단골 때밀이 아줌마들 곗돈까지 싹쓸이하고 갔다. 망연자실해 넋을 잃은 사람이 한둘이 아니었다. 피해 금액이 최고 1억이 넘은 이도 있었다. 내가 아는 이웃 목욕탕 때밀이 아주머니는, 자기 아들 월급까지 몽땅 이 계에 넣었다가 나보다 곱이 넘는 돈을 잃었다.

그뿐이 아니었다. 도망간 계주에게 손해를 입었다며, 다른 계주인 앞집 아줌마도 그 계와는 아무 상관 없는 멀쩡한 번호계를 구멍 내버렸다. 번호계가 깨지기 바로 앞 달이 내가 탈 차례였다. 그런데 돈 급한 사람이 생겼다며 두 달 뒤로 바꿔 달라 사정을 하기에 매몰차게 거절하지 못한 게 실수였다.

장사꾼들이 계를 할 때는 자신들의 한 달 수입에 대충 맞춰 하는 게 아니다. 장사 자금을 좀 이용한다는 차원에서 금액을 좀 많게 잡는다. 계 두어 개 하면서 돌려막기 식으로, 그 이자로 점포세 정도는 남긴다는 잘못된 계산 하에

계에 드는 이도 더러 있다. 사실 계가 깨어지지만 않는다면 틀린 계산은 아니다. 나도 돈이 급할 때 목돈을 빼 썼다. 그리고 다달이 이자와 원금을 갚아나가니 빚진 기분도 부담을 덜어 좋았다. 머릿속에다 계가 깨질 수도 있을 거라는 비상사태에 대한 염려를 늘 들여놓았어야 했다.

우리 조상들도 집안에 경조사가 있을 때 친척끼리 힘을 모았다. 각자 음식 한두 가지씩 해 와서 큰일을 치러냈다. 일을 치른 후 각 집을 돌아가면서 받은 음식 품을 갚았다고 한다. 계의 유래도 상호부조제도에서 비롯됐다. 이 좋은 제도를 서로의 신뢰를 바탕으로 지혜롭게 활용하면 서로에게 유익할 것이다. 문제는 계주가 큰돈을 만지다 보니 견물생심이라고 결국 돈에 눈이 멀고 마는 일이다. 종말엔 계주도 망하고 계원 서로 간의 신뢰도 잃게 된다.

나도 곗돈 사기로 말미암아 사람에 대한 불신과 회의를 톡톡히 맛보았다. 아니, 계 이자에 눈이 어두웠던 내 무지 때문이지 누굴 탓하겠는가. 우리시장 사건 이후에도 계 사기사건이 신문에 서너 번 났다. 수법은 모두 비슷비슷했다.

많은 사람에게 피해를 주고 도망간 계주는 아직도 오리무중이다. 그녀의 남편만 찾아내서 어음 건과 관련해 지금도 구속 중인 것으로 안다. 내가 입은 피해 금액은 명함도 못 내미는 적은 액수다. 사기 친 사람을 수배해서 찾아온들 뭐

하겠나 싶다. 고소장을 작성할 때도 남우세스러워 참석하지 않았다.

남편은 남들은 예사로 하는 계를 유독 나만 못하게 했다. 낙찰계 하나는 몰래 들었다가 삼천만 원이 넘는 거금을 잃고 계라면 고개를 흔드는 나에게 요즘도 가끔 묻는다.

"나 몰래 들어 놓은 다리모시(계) 좀 없나?" 하고.

물론 혼쭐이 난 내게 던지는 농담 반 진담 반인 놀림인 걸 안다. 다 지나간 이야기지만 그놈의 계 때문에 돈 잃고 사람 잃고 체면 구겼다. 무엇 때문에 같은 실수를 반복하겠는가. 요즘에야 은행 문턱만 넘나든다.

새해맞이

2015년이 밝았으니 내 나이도 시쳇말로 육 학년 오 반이다. 이 나이가 되도록 새해 해맞이를 처음 해봤으니 참 바쁘게도 살았나 보다. 내가 하는 일은 스카프, 머플러, 손수건 등의 도매업이다. 불경기로 접어들었던 십여 년 전부터는 남편과 둘이서만 일을 한다. 해서 가을부터 늦봄까지는 꼼짝 못 하고 자리를 지켜야 한다.

새해 첫날은 국제시장 도매상 전체가 쉰다. 매년 이날은 미루었던 김장을 하는 우리 집의 대행사 날이다. 새벽부터 서둘러야 하기에 새해맞이는 꿈도 꾸지 못한다. 바쁜 겨울에도 첫째와 셋째 휴일엔 쉰다. 11월에서 구정까지가 일 년 중 제일 바쁜 때다. 연말까지가 가장 큰 대목이기에 김장한다고 무리를 해 몸살이라도 하면 낭패다.

딸들을 포함해 셋 집 김치 담그는 일은, 가게 일이 바빠지기 전에 우선 조금만 담는다. 그런 후 최고 대목인 연말이 지난 후 양력설에 김장을 담그는 게 우리 집의 전통이다. 겨울 머플러는 연말이 지나면 반 매상으로 떨어진다. 구정이 지나면 겨울 상품은 슬슬 정리하고 봄 스카프 준비에 들어간다. 그러다 보니 새해 첫날 새해맞이를 이제야 나서게 되었다.

이날 해 뜨는 시각이 7시 20분쯤이다. 전날 신문에서 봐두었기에 새벽 6시가 되기 전에 일어나 정갈한 마음으로 남편과 함께 집을 나섰다. 내가 사는 지역인 영도구 태종대공원을 해맞이 장소로 정했다. 어둡고 추워 사람들이 많이 오겠나 싶었던 내 생각은 완전히 빗나갔다. 태종대 입구에서부터 차량이 줄을 잇기 시작했다. 공원입구에서 차량을 통제시켜 차에서 내려 걸어서 들어가야 했다.

사람들이 어디서 쏟아져 나오는지 꼭 개미집을 잘못 건드린 듯했다. 유치원생 아이에서부터 노인에 이르기까지 많은 사람이 해맞이하기에 적당한 장소로 이동 중이었다. 그 인파는 부지런하다고 자부했던 나 자신을 돌아보게 했다. 게을러서 새해 첫날 해님을 한 번도 마중 오지 못했다는 자책감이 불쑥 들었다.

남편의 빠른 걸음을 따라 대 행렬에 섞여서 반은 뛰는 걸음으로 내달았다. 땀에 젖어 감기 들까 걱정될 무렵, 사람들이 슬슬 멈추는 곳에 우리도 자리를 잡았다. 해뜨기 10여 분 전이나 아직 해 뜰 기미가 안 보인다. 탁 트인 바다와 하늘이 맞닿아 해무가 안개처럼 덮여 경계가 모호하다. 간절한 마음으로 해가 솟아오르기를 고대하는데, 마치 숨어 있다가 고갤 내밀 듯 순식간에 해가 쏙 올라왔다. 산꼭대기에 걸려 미적미적 올라오는 해가 아니라, 바다 저 밑에서 무엇에 밀려 쏘옥 올라오는 느낌이다. 마치 뜨거운 바닷물에 세수라도 한 듯 발갛게 익은 고운 해다.

박두진의 '해야 솟아라, 해야 솟아라, 말갛게 씻은 얼굴 고운 해야 솟아라.' 라고 한, 바로 그 노래 속 해였다. 와아! 주변에서 탄성이 터진다. 우리 가족 올 한해도 건강하게 해주십사고 중얼거리며 빌었다. 한참 머리 숙여 빌고 보니, 나는 해님에게 주는 것도 없이 욕심을 부린다 싶다. 문득 '새해 소망'이라는, 전신마비 구족 화가이기도 한 이상열 시인의 글귀가 떠올랐다. "새해에는 더도 말고 덜도 말고 손가락 하나만 움직이게 하소서"라는.

아, 그런데 나는 왜 이리 욕심이 많은가. 그 시인에게 부끄럽다. 이제는 아등바등하지 않아도 살만하지 않은가 말이다. 그런데도 어려웠던 지난날이 몸에 배어 메뚜기도 한철이라는 생각만 하고 있으니…. 목전의 이익에만 온 정신을 팔아 겨울철엔 몸을 사리고만 있지 않았던가. 바쁜 것은 다 핑계였다. 겨울엔 내 몸이 피곤하니 새해라는 것에 큰 의미를 두지 않았던 게다.

태양력의 세계에서도 기원전 어느 때엔 춘분이 한해의 시작이었다고 얼핏 들은 적이 있는 것 같다. 한데 로마의 율리우스 황제가 그것을 자신에게 유리하도록 두 달 정도를 앞당기는 바람에, 북반구에서는 한겨울에 새해가 시작되었다던가. 그러고 보면 우리가 새해라고 해서 전 세계가 다 새해 새날은 아닐지 모른다. 수학을 싫어하는 나의 엉뚱한 셈인지는 모르겠지만.

꼭 새해가 아니라도 항상 해님에게 고맙다는 인사를 드린다. 해가 없는 세상은 상상할 수 없다. 햇빛이 없으면 우리 인간이, 동물과 식물이 어떻게 살 수 있겠는가. 떴다 졌다 반복하며 날마다 볼 수 있으니 큰 고마움을 잊고 살뿐이다.

올해는 전반적으로 경기도 불황이다. 오히려 그 덕분에 모처럼 새해맞이를 다녀올 수 있었다. 이제는 일상에서 더러 벗어나 남들이 몰려다니는 곳에도 기웃거려 봐야겠다. 사람들은 왜 저리도 유행에 민감하며 관습에 연연해 하는지. 남들이 가니 우우 따라갈 게 아니라, 평소 눈앞에 보이는 자연에 항상 고마운 마음으로 살면 될 것으로 생각했다.

유행 덕분에 돈벌이를 잘해 온 내가, 유행에 휘둘리며 몰려다니는 사람들을 참 할 일 없는 사람들이라고 딱하게 여겼다. 타인의 눈으로 볼 때는 나만 우물 안 개구리였던 줄은 모르고.

새해 해맞이를 한 후 새로운 결심을 했다. 옳다고 생각했던 나만의 틀에서 벗어나자고, 이제부터는 남들 살아가는 흉내도 내고 동참도 하며 살아보자고.

잡상인

일하다 보면 이런저런 잡상인이 들어온다. 시골에서 왔다며 돗자리나 인삼, 대추, 찹쌀 등을 이고지고 오는 이들 외엔 장애를 가진 사람이 대부분이다. 그들이 팔려고 들고 다니는 주 품목은 화장지나 수세미, 칫솔 등이다. 예전에는 하루에 몇 사람씩 올 때도 있었다. 보통 이삼천 원짜리 물건이라 도와주는 셈 치고 그들을 맨손으로 보내지는 않는다.

요즘은 잡상인 수가 대폭 줄어든 데 반해 물건 단가가 훨씬 오른 것 같다. 휴지도 열 개들이 통째로 들고 오고, 칫솔도 두 식구가 쓰면 1년 남짓 쓸 양이 든 묶음을 내놓는다. 한 사람이 한 가지 품목만 들고 오기 때문에 물건을 고를 권리도 없다. 이런 이들이 자주 찾아오면 장사가 시원찮은 가게들은 오는 이마다 팔아주기가 쉽지 않다. 더구나 엎어지면 코 닿을 곳에 그보다 싸게 파는 잡화 도매상이 널렸다. 길 하나 건너면 필요한 만큼만 살 수 있는 슈퍼마켓이 턱 버티고 있다.

그러나 물건을 팔아주는 이도 있어야 그들도 살아갈 터다. 그동안 내 돈벌이에 급급해 어려운 이웃을 위한 자원봉사 제대로 못 나가 보았다. 이런 생각으로 부득이한 경우가 아니면 그들을 외면하지 않는다. 비록 맘대로 골라서 살 기회도 없지만. 아는 이의 집에 가보면 도톰한 재질에 꽃무늬가 그려진 질 좋은 고급 휴지가 눈에 들어온다. 그러나 우리 집엔 늘 휴지가 재여 있으니 그런 휴지는 그림의 떡이다. 칫솔은 자신이 선호하는 제품이 있을 수 있다. 남편은 이들을 안쓰러워하는 나에게 그렇게 안 됐으면 따라가서 같이 살아주라고 빈정거리기도 한다. 그런 일이 있을라치면 부부 사이엔 이상기류가 감돌고 끝내 싸움의 불씨가 되기도 한다.

오늘도 부득이한 경우다. 한쪽 다리를 조금 저는 청년이 부피가 큰 휴지 뭉치를 양손에 하나씩 들고 옆집에 와 있는 걸 얼핏 보았다. 무의식적으로 그의 시선을 피했다. 며칠 전 다른 이에게서 산 휴지를 아직 개봉도 안 했다. 그런데도 눈을 마주치면 그냥 돌려보내지 못할 것 같아서다. 우리 가게는 국제시장 2층이다. 거기다 복도식이라 잡상인이 찾아오면 자동으로 한 바퀴를 돌기 마련이다. 참새가 방앗간 그냥 못 지나가듯, 잘 팔아주는 단골집은 잊지 않고 꼭 거쳐 간다. 지난번에 산 물건이 아직 많이 남았다고 하면 떼쓰는 이도 더러 있다.

오늘 이 청년은 초짜인지 몇 집을 다니도록 물건을 팔지 못한 것 같다. 한데도 우리 가게는 들르지 않을 심산으로 보였다. 두어 걸음만 더 오면 1층으로 내려가는 계단을 지나서 바로 우리 가게다. 그는 골목에 서서 손수건을 개키고 있는 나를 돌아보지도 않고는, 한 계단 한 계단 아래층으로 힘겹게 발을 내딛고 있었다. 옆집에 서 있을 때는 다리를 그렇게 심하게 저는 줄 몰랐다. 이 층으로 올라올 때도 힘들었을 것이다. 이쪽 골목 안 가게는 돌아보지도 않고 그냥 내려가 버리니 지켜보던 내가 안타까웠다.

손수건을 개키고 있던 손을 건성으로 놀리며, 눈은 계단 끝까지 그를 따라갔다. 그가 계단을 다 내려갔을 때 수건 한 장을 들고 후다닥 내려갔다.

"총각, 잠시만요. 내려간다고 땀이 많이 났을 텐데 이 면수건 크고 좋은 것이니 땀 닦고 목에 두르세요. 엊그제 휴지를 다른 사람에게 사서, 미안해요. 다음번엔 꼭 팔아 줄게요." 내게는 팔아달라고 말한 적도 없는데 조심스럽고 미안한 마음으로 말했다. "휴지를 팔려고 왔지, 이런 것 필요 없어요." 힘들게 2층까지 올라와서 마수걸이도 못 했는지 심드렁하게 말한다. 나를 잠시 바라보는 눈빛이 자존심을 상한 듯하다. 나는 당황해서 "아이고 어쩌지, 한 묶음 이리 주세요. 썩는 것 아닌데 두고 쓰지 뭐." 했다. 그러고 보니 또 말을 실수한 것 같다. 건강한 사람이면 예사로 듣고 넘길 말인데도 아차 싶었다. 아직 세파에 덜 시달린 여린 사람 같았다. 아니, 어쩌면 오늘 처음 장삿길에 나섰다가 팔지도 못하고 동정만 받았다고 자신을 자책하는 건 아닐까. 공짜 손수건을 끝내 거부하고 간 그가 내 마음을 내내 짓밟는다.

어떤 때는 있는 물건을 사서 쟁여두고 남편의 눈치를 살피느니, 그들이 내게 판 금액의 이익만큼을 도와주고 싶은 마음도 간절했다. 필요한 물건이 아니더라도 흔쾌히 그냥 살 것을, 하는 후회가 밀려온다. 삶의 의지를 세워보려고 나선 그들에게, 다시는 마음의 그늘을 드리우게 하지 말아야지 다짐해본다. 가져온 물건을 선뜻 팔아주고 수건을 건넸어도 그가 내 성의를 외면했을까.

호의를 호의로 받아들이지 않으니 슬프다. 오늘은 어쩐지 마음 한구석이 쓸쓸하다.

장담그기

개미떼 이사시키기

"아니, 이게 뭐야?"

마루에 들어서며 질겁한다. 베란다에서 마루를 지나 부엌 앞 찬장까지 이어지는 수천 마리는 될법한 개미떼 행렬에 놀라서다. 개미가 많은 줄은 알았지만 이렇게 많을 줄은 몰랐다.

베란다에 꽃 화분이 30여 개 남짓 된다. 20여 년 전 이 아파트로 이사 올 때, 키우던 화분들을 가져온 것이다. 집안에 복을 가져다준다는 관음죽을 포함한 사철 푸른 나무가 대부분이다. 그 외 그만그만한 화분들은 서양란 종류, 수국, 국화 등이다.

이들 화분 주변에 작은 개미들이 줄지어 다녀 꽃에 물을 줄 때마다 신경이 쓰였다. 한여름만 빼고 일주일에 두 번씩 화분에 물을 준다. 호스에 분사기를 매달아 들고 다니며 꽃나무에 눈을 맞추고 대화하는 시간이다. 그럴 때마다 개미가 물에 떠내려갈까 봐 신경 쓰였다. 신발이며 빗자루, 쓰레받기와 호미…, 닥치는 대로 중간 중간 둑을 놓아 개미 익사를 막으려고 애썼다. 바쁜 중에도 물주기를 내가 하는 이유는, 꽃 화분 하나 사들이지 않는 남편의 잔소리를 막기 위해서였다.

개미떼를 우선 급한 대로 부드러운 방 빗자루로 베란다로 쓸어냈다. 부엌으로 들어서며 살펴보니 문 없는 찬장에 놓인 꿀통이 눈에 띄었다. 이 병 뚜껑이 덜 닫혀 개미떼가 꿀을 먹으려고 떼로 몰려왔던 거였다. 그래도 그렇지, 이 많은 개미가 우리 집에 살고 있었단 말인가. 아니면 15층이나 되는 우리 집 개미가 아래층 화단까지 연락병을 보내 마치 피난민처럼 행렬을 이었단 말인가. 개미는 넓은 마루에서도 길 잃지 않고 일여덟 줄로 열을 지어 목적지로 향하고 있었다.

상황을 보니 선두에 섰던 놈들은 꿀을 실컷 먹었는지 꿀통에 빠져 생사의 갈림길에 놓였다. 뒤따라 왔던 놈들은 꿀맛도 못 본 체 주인에게 된통 걸렸다. 황홀한 단맛의 꿀을 양껏 먹고 죽은 놈이나, 열나게 쫓아와서 냄새만 맡고 곤두

박질쳐진 놈이나 안됐긴 매일반이다. 사람이나 개미나 먹고 사는 일이 수월하지만은 않은 것 같다. '송충이는 솔잎으로 산다.'고 평소대로 살 일이지, 사람도 양껏 못 먹는 벌꿀에 욕심을 내다가 함정에 빠진 꼴이지 뭔가.

반이 채 남지 않은 제법 큰 꿀 병속으로 기어들어간 개미들은 도로 나올 수가 없다. 꿀에 빠져 죽은 것도 있고, 아직 꿈틀거리는 놈도 보인다. 어차피 못 먹을 꿀, 급히 베란다로 들고 가 널따란 접시에다 부어주고 남은 개미가 기어 나올 수 있게 병을 옆으로 눕혔다. 그래도 마음이 안 놓여 신문지에다 모두 싸서 들고 1층 넓은 화단에 데려다 놓았다. 이때부터 며칠간에 걸쳐 개미떼의 이사가 시작되었다.

평소 과일 껍질을 화단에 놔두면 개미가 달라붙던 게 생각났다. 신문지 위에 개미가 가장 좋아하는 배를 깎아 반으로 토막 내어 밤새 두었다. 아침에 보니 배가 개미떼에 덮여 새까맣다. 신문지를 살짝 접어 안고 엘리베이터 사용이 드문 아침 일찍 아래층 화단으로 내려갔다. 같은 작업을 반복하며 개미가 몇 마리 안 붙을 때까지 며칠간 이사를 시켰다.

개미떼가 꿀통에 목숨 걸고 달려들었던 날은 마침 남편이 집에 없었다. 만일 남편이 그 광경을 보았다면 어찌했을까. 개미뿐 아니라 어쩌다 보이는 달팽이가 뭘 먹고 살까 걱정하는 마누라를 그냥 두고만 보지는 않았을 것이다.

개미떼를 이사시키기 시작한 지 3일째 되던 날, 외출에서 돌아온 남편이 베란다에 둔 배를 보고 고함을 질렀다. "또 개미 밥 줬나" 하고. "아니, 그게 아니고 개미들 1층 화단에 거의 다 데려다 놔서 이제 얼마 안 붙어요. 한 이틀만 더 옮기면 될 것 같아요." 하고는 개미가 떼로 몰려온 얘기는 살짝 뺐다. 그러고는 남편 표정이 좀 누그러졌을 때, 예전에 어디선가 읽었던 개미에 관한 얘기를 들려주었다.

> 어느 동네에 스님이 지나다가 제일 큰 부잣집에 들렀다. 그 댁 대감을 만나자 스님이 말했다. 머슴이 마당을 쓸고 있던데 얼굴에 살기가 가득하니 새경을 넉넉하게 주어 당장 내 보내라고. 대감은 스님의 신통력을 믿고 머슴을 그날로 내보냈다. 머슴이 부지런히 걸어 고향으로 반쯤 갔을 때 천둥번개를 동반한 소낙비가 세차게 내렸다. 냇가 돌다리가 물에 잠겨 건널 수가 없어 할 수 없이 도로 돌아왔다. 그런데 스님도 비에 갇혀 그 처사 집에서 하루 유하기로 하고 있던 차 돌아온 머슴의 얼굴을 보니 살기가 완전히 없어졌더란다. 놀라 머슴에게 물었다. 도대체 오늘 자네에게 무슨 일이 있었냐고. 머슴은 아무 일도 없었다고 말했다. 그러자 스님은 이 집을 나서면서부터 일을 세세하게 짚어보라고 일렀다. 머슴이 잠시 생각하더니, 다리가 물에 잠겨 건너지 못해 기다리고 섰는데 강풍에 소나무가지가 꺾여 떠내려 오기에 보니 개미가 까맣게 붙어 있어 이를 무심코 건져서 강둑에 올려놓은 것밖에 더 생각나는 게 없다고 말했다. 그제야 스님은 아, 그래서 그렇구나 하며 무릎을 탁 쳤다는 이야기다.

남편 눈치를 슬슬 보며 이야기를 마쳤다. 그렇잖아도 요근래 개미에게 더러 물린 것 같다고 해서 신경이 쓰였던 참이다. 더러 개미가 많이 보였어도 이렇게 떼로 몰려올 줄은 상상도 못 했다. 더구나 사람에게 해를 끼치는 동물도 아니라 부러 죽일 것까지야 있겠나 싶었다.

옛날 친정어머니께서는 남새 데친 뜨거운 물을 뽕나무와 산딸기나무 울타리 옆 고랑으로 부을 때도, 쉬~이 하며 큰 소리로 기척을 내곤 하셨다. 나는 그 소리가 일이 힘들어 나오는 한숨 소리인 줄만 알았다. 뜨거운 물을 버리니 생명이 있는 것들은 모두 급히 피하라는 신호인 줄은 꿈에도 몰랐다. 어머니만큼 신실한 불자가 못 되지만, 나도 자식 낳아 키우며 세상 생명은 다 소중하다는 것을 깨달았다.

그렇게 개미를 이사시키고 몇 달이 지났는데 개미들이 다시 슬슬 나다닌다. 또 배를 깎아 화분 밑에 놔둔 것을 본 서울서 온 딸이 조목조목 무지한 엄마를 일깨운다. 여왕개미가 떠나지 않으면 개미를 완전히 쫓아낼 수 없다는 것, 설상 다른 곳으로 옮겨주어도 여왕개미가 없는 개미들은 다른 곳에서도 살 수 없다는 거다. 그렇다면 내가 이사시킨 개미떼는 어찌 됐을까. 여왕개미가 어디에 숨어있는지도 모르니 좋아하는 꽃나무를 다 없애야 하는 건가. 아니면 평생 개미들과 동침하며 살아야 하는 걸까.

한방에 박멸할 수 있다는 농약 치기 같은 건 정말 하기 싫다. 그렇다고 뾰족한 대책도 없다. 눈치 없는 개미가 남편을 가끔 물어 내가 집 비운 사이 약이라도 칠까 봐 더럭 겁이 난다.

개미들아 꽃밭에서만 살아다오. 아니, 떠날 수 있으면 제발 좀 떠나다오.

고사告祀

결혼해 살아오며 지금까지 차를 네댓 번 바꾸었다. 그때마다 고사를 지냈다. 매번 고사상에 빠지지 않는 필수 제물은 돼지 머리와 말린 명태인 북어다. 떡과 술, 과일은 기본이다. 고사가 끝나면 북어를 차 뒷바퀴에 매달고 술 한 잔을 먹여 한 바퀴 휭 돌아오면 고사가 마무리된다. 그러면 새 차만큼 내 마음도 쏴 하게 개운해진다.

그런데 이번 새 차 고사 때에 황당한 일이 벌어졌다. 늘 퇴근 후 초저녁에 고사를 지냈는데, 이번에는 이웃 아파트 옆 어둑한 바닷가 길가에 고사상을 차렸다. 이 행사에 가까운 친구들을 부르면 왁자하게 재미있다. 이번에는 가게도 바쁜 때라 남편과 둘이서만 지내기로 하고 차 앞에 자리를 깔았다.

수필가 피천득은 '새댁이 시집와서 김장 서른 번만 담그면 할머니가 된다.'라고 어느 수필에서 말했다. 나도 결혼해서 제사를 서른 번도 더 지냈더니 이제는 복잡한 제사상도 척척 차려내게 되었다. 이런 간단한 고사상쯤이야 눈 감고도 해낼 일이다.

이 거사에 잘 생긴 돼지머리가 하는 일이 정해져 있다. 잘빠진 두 콧구멍에 배춧잎 한두 장이 뇌물로 들어오면, 고사가 끝날 때까지 잘 웃고 있으면 된다. 코에 꽂힌 돈으로 작은 적선을 할 곳이 없나 주위를 살펴봄으로 임무를 다한다. 이에 비해 북어는, 차 주인을 대신해서 몸으로 차 밑에 매달려 길바닥에 질질 끌려다니다가 산산조각이 나는 고통을 맛본다. 대부분 북어를 사용하는 이 고사법은 정해진 방식이 있는 것도 아니다. 지방에 따라 제사 지내는 법이 조금씩 다르듯, 각자의 의식에 따라 정성만 담으면 된다고 생각한다.

생각해보면 이 고사법은 예전 우리 시골 어른들이 정월 대보름날에 행하던 교통사고 액땜 방식과도 닮았다. 어머니는 정월 대보름이면 꼭 토정비결을 보셨다. 그해 액운이 들었다는 자식이 있으면 짚으로 허수아비 인형을 만들었다. 자식 이름과 생년월일을 써 붙이고 그 안에다 돈까지 넣었다. 날이 어두워지고 보름달이 떠오를 때 멀리 국도변 삼거리까지 나가, 길 한복판에다 허수아비 인형을 놓고 두 손 모아 거듭 절을 했다. 부디 내 자식이 무탈하기를 기원하는 어머니의 대보름 의식이었다.

우리 부부는 고사를 끝내고 북어를 매달고 거리를 쏘다녔다. 시내로 이어지는 영도대교를 통과하고 번화가인 롯데백화점 앞 사거리도 지났다. 야경이 황홀한 남항대교까지 건너며 신나게 고사 뒤풀이를 한다고 돌아다녔다. 번잡한 도로와 이승과 저승을 상징한다는 다리를 많이 건널수록 북어의 영혼이 더 좋은 곳으로 가리라는 통과제의通過祭儀같은 염원을 담고서.

다음날 날이 밝은 후 우리는 기절초풍할 뻔했다. 뒷바퀴에 매단 북어가 전날 밤의 술이 아직 덜 깬 듯 게슴츠레한 눈으로 우리 눈치만 살피고 있는 게 아닌가.

"아니, 이 명태가 왜 아직 여기에 있지?"

놀란 입에서 동시에 튀어나온 말이다. 멍하니 남편과 북어를 번갈아 보다가 짚이는 바가 있어 웃음보가 픽 터졌다. 고사가 끝나고 차에다 실로 북어를 묶으려는데 지나가던 아저씨 몇이 고사 술 생겼다며 좋아라고 떠들썩했다. 고사 음식은 집으로 도로 가져가지 않는다는 설이 있다. 경비실에 넣어주기에도 좀 많은 양이라 나눠 먹을 사람이 필요하던 차였다. 새 차 고사를 축하해주는 사람이 생겨 기분이 좋아져서는 술잔을 주거니 받거니 하다가 그만 실수를 한 모양이다. 북어를 묶은 실이 바닥에서 0.2cm 정도 짧았던 게다. 어이없는 실수 때문에 아침 출근길에 뭇사람의 따가운 시선을 각오하고, 다시 북어를 낮게 매달고 길을 나서는 촌극이 벌어졌다.

빙그레 웃던 돼지의 너그러운 웃음과 단번에 일을 끝내지 못해 계면쩍어하던 북어가 우리 가족의 액을 거두어 갔으리라 믿는다. 어쨌거나 자동차도 우리 집에 들어온 새 식구다. 이만한 소동이야 감내할 일이다.

장 담그는 날

부산한 설날을 보내고 나니 그럭저럭 한가하다. 오늘은 간장 담그기에 가장 좋다는 음력 정월 그믐날이다. 마침 가게가 쉬는 첫 휴일이다. 느긋하게 장 담글 준비를 한다. 친정어머니의 손맛을 나름대로 전수한 장 담그기가, 한해 걸러 치르는 우리 집 큰 행사로 자리 잡은 지 30년이 넘었다.

메주는 시골에서 직접 만든 것을 구해오는 게 제일 좋다. 사정이 여의치 않을 땐 부득이 시장에서 사기도 한다. 큰 마트에 가면 국산 콩으로 잘 띄워 말린 메주를 구할 수 있다. 잘 뜬 메주는 거죽이 말라 있고 노르스름하며, 붉은빛을 띤다. 메주 겉 곰팡이는 흰색이나 노란색을 띠는 것이어야 좋다.

올해는 통영 큰 누님이 직접 만들어준 메주 다섯 덩이에 물 한 말을 잡고, 새로 나왔다는 간장 전용 소금 9kg을 다 털어 넣어 약간 짭짤하게 간을 맞추었다. 우리가 사는 곳이 높은 아파트라 햇빛은 잘 들지만, 통풍이 일반주택 장독대처럼 원활하지 못할 것이다. 갈수록 온난화되어가는 기후 탓에 주의를 기울이지 않으면 자칫 2년 먹을 장을 버릴 수도 있다. 그러니 두 달 후에 뜰 장을 담그는 손끝에 더욱 신경이 쓰인다.

간장은 달이지 않은 맛 그대로 먹을 때 제맛이 나는 것이라야 으뜸으로 친다. 맛이 조금이라도 싱겁거나, 장을 뜰 때 위에 허연 게 덮여 있으면 된장과 분리한 후 간장을 한번 푹 끓여 놓아야 안심이 된다. 된장을 맛있게 하려면 간장을 조금 일찍 빼내야 한다. 간장에 더 비중을 두려면 장 담근 후 좀 느지막이 간장을 빼내면 된다.

간장을 늦게 떠서 진미가 많이 빠진 된장 맛도 살리는 비법이 있긴 하다. 보통 크기의 메주 다섯 덩이 기준으로 콩을 한 되 정도 푹 삶는다. 이를 찧어서 식힌 다음 된장에 고루 섞어 익히면 된장이 맛이 있다. 행여 콩이 많아 된장이 싱거우면 금방 떠낸 장으로 간을 알맞게 맞추면 된다.

옛 어른들은 식은 밥이 남으면 겨울엔 된장 밑에 파묻어 삭혔다. 그러나 깻잎이나 풋고추를 함부로 된장 밑에 넣었다가 행여 눈(장에 생기는 구더기. 표준어로는 '가시'지만 고향에선 '눈'이라 했다.)이라도 생기면 오래 먹을 밑반찬을 통째 버리게 된다.

몇 년 전만 해도 장을 담글 때면 굵은 소금을 메주 분량에 맞춰 사 왔다. 큰 고무 대야 두 개를 베란다에 놓고 물을 부어 몇 시간을 저어서 소금을 다 녹였다. 그런 뒤 독에 메주를 넣고 얼금얼금한 소쿠리나 체 같은 것을 얹어 놓고, 지푸라기 같은 티를 걸러내기 위해 바가지로 소금물을 일일이 떠 부었다.

요즘에는 모든 게 편리해졌다. 소금도 잔 티끌 하나 없이 깨끗하게 나온다. 물만 부으면 금방 녹는 간장 전용 소금까지 나왔다. 미리 씻어 물기를 빼 둔 메주를 독 안에 넣고, 다 녹은 소금물을 그 위에 붓기만 하면 된다. 그 위에 참숯과 붉은 고추 말린 것 몇 개, 생 통깨 한 숟갈을 띄우고 마무리 한다. 마지막으로 큰 가제 수건이나 면으로 된 천을 덮고, 신문지와 그물망을 덧씌운다. 그것을 고무줄로 단단히 묶어 독을 마무리한다.

가끔, 햇볕 좋은 휴일에 장독뚜껑을 열고 그물망만 씌운 채 한두 시간 바람을 쐬워주면 좋다. 장을 다 담고는, 올해도 우리 장맛 맛있게 해달라고 이름 모를 신령님께 중얼거리며 빈다. 이런 내 모습이 그 옛날 어머니가 하시던 그대로 깔축없다. 자리만 바꾸어서 하는구나 싶어 슬며시 웃음이 나온다.

이렇게 담은 간장, 된장, 고추장을 딸들 집에 담아다 준다. 동생네나 친구에게 퍼주는 것도 장 담그는 재미의 하나다. 남편은 된장국을 먹다가 핀잔을 준다. 가뜩이나 바쁜 사람이 힘들게 담가서는 다 퍼주고 올해는 일 년 만에 다시 담게 됐다며. 앞으로는 된장 맛을 소문내지 말라며 은근히 장맛을 추켜세운다. 그러나 바쁜 나를 생각해주는 마음이려니 여기고 웃으며 못 들은 척한다.

지난해 장 뜨는 날엔 가까운 고향 친구 부부를 불렀다. 된장을 가져가려면 그만한 대가를 치러야 하지 않겠느냐며 와서 콩을 밟아달라고 구슬렸다. 친구 부부는 기다렸다는 듯 득달같이 달려왔다.

시골에서는 큰 가마솥에 콩을 푹 삶아 절구통에 넣어 찧으면 된다. 그러나 아파트에서는 쿵쿵 울리는 소리에 이웃이 놀랄까 봐 그럴 수도 없다. 그래서 생각해낸 방법이, 큰 쇠 대야에 삶은 콩을 부어놓고 비닐 랩을 두 겹씩 맨발에 돌돌 감아 장화처럼 신고 콩이 부서질 때까지 밟아 짓이기는 거다. 그 좋은 콩이 내 발에 밟히는 수모를 겪는다. 콩은 뜨거울 때 비닐에 닿아도 안 좋고 완전히 식어도 잘 으깨지지 않는다. 해서 따뜻한 기운이 남아 있을 때 밟아야 하고,

된장과 섞을 때는 완전히 식혀서 간을 맞춰야 한다.

친구도 신명이 나는지 콩을 묵사발로 만드는 일에 열중이다. 돈도 많이 안 들고 한 번 담그면 오랫동안 먹을 밑반찬인데, 백문이 불여일견百聞不如一見이라고 이젠 직접 만들어 먹는 게 어떠냐고 친구에게 말했다. 친구는 한술 더 뜨며 "장 뜨는 날은 언제든지 불러라. 내 머슴처럼 센 힘을 어디다 쓰겠노. 우리끼리 초등학교 동창회도 하고 좋구만." 하며 넉살을 부린다. 그러며 막 건져낸 된장과 잘 으깬 콩을 팍팍 잘도 섞어준다. 장독에 친구 부부의 정도 깃들어 장과 함께 구수하게 익어간다.

요즘은 식품회사에서 간장, 된장, 고추장뿐 아니라 별의별 양념까지 내놓고 파는 세상이다. 집에서 장을 담근다는 게 새삼스럽게 여겨질지도 모른다. 그러나 장맛이란 그 집 음식 맛을 좌우하는 가장 기본적인 요소가 아닌가. 그러니 시중에서 파는 장으로 만든 음식들이 별 특색 없이 비슷비슷한 맛을 내는 건지도 모른다. 그런 음식을 먹는 사람들의 입맛이 평준화되는 현상도 어쩌면 당연한 일이 아닌가 싶다. 사 먹는 편리함으로 가정의 고유한 맛이 사라져 가는 것은 안타까운 일이다.

아파트에서 장을 담그기가 쉬운 일은 아니다. 하지만 막상 해보면 영 힘든 일도 아니다. 바쁜 일상을 탓하지만, 약간의 불편을 감수하고 정성과 시간을 투자하면 된다. 그러다 보면 우리 집만의 맛을 얼마든지 만들어낼 수 있다. 사 먹는 편리함에 길들어 점점 사라지는 장 담그기. 어쩌면 내 시대에서 끝나버릴지도 모를 전통의 맛을 만드는 작업이다. 이를 일부분이나마 이어가고 있다는 자부심에 내심 뿌듯하다.

아래층 부부

악쓰는 소리에 얼핏 눈이 떠졌다. 불을 켜자 시계에 눈부터 간다. 새벽 두 시가 막 넘었다. 평소 자정이 넘어야 잠자리에 드는데, 뒤척이다 겨우 잠들만하면 아랫집 싸움이 시작되곤 한다. 닥치는 대로 집기를 집어 던지는지, 쿵쿵거리는 소리와 여자의 허스키한 고함은 두 달이 멀다고 고단한 이웃의 단잠을 깨워놓는다.

바다를 바라보며 설거지하는 조망 좋은 이 아파트로 이사 온 지 10년이 넘었다. 비슷한 시기에 우리 집 아래층으로 입주한 젊은 새댁은, 멀쩡한 새집을 집값의 절반이나 들여 전체 수리를 했다. 그러고는 십 년도 살지 못하고 해운대 신도시로 옮겨갔다. 그 후속으로 이사 온 부부가 지금 아래층 사람들이다.

처음엔 싸움의 진원지가 어딘지 짐작 가지 않았다. 싸움소리에 선잠을 깰라치면 베란다로 나가 윗집인가 아랫집인가 손나발을 귀에 대고 한동안 염탐을 해야만 했다. 위층 여자도 나와 목소리가 비슷한 데다 싸움 소리도 두어 차례 들었기 때문이다. 잠귀가 둔한 남편도 뒤따라 일어난다. 어디서 또 싸우느냐며 짜증 반 호기심 반인 얼굴로 귀를 쫑긋 세운다. 한 시간 남짓이면 끝날 싸움인데 좀 참아야지 싶다가도, 저 난리를 피우고도 방음벽만 믿고 이웃에선 모를 줄 알고 저러나 싶어 따끔하게 항의를 해야겠다고 마음먹었다.

한 달 전쯤 가게가 제일 바쁜 대목인 12월 어느 날이었다. 이 시기는 온종일 서서 일하고, 점심도 제시간에 먹는 날이 되레 이상할 만큼 겨울제품 도매상들의 최고 대목이다. 지친 몸으로 깊은 잠에 빠져있는데 초인종 소리가 연달아 울렸다. 이런 시간에 도대체 누구냐고 짜증을 내며 인터폰으로 밖을 내다보았다. 경찰복 차림의 남자 두 명이 서 있는 게 아닌가. 무슨 일이냐고 묻자, 이 집에 싸움소리가 너무 시끄러워 이웃에서 진정이 들어왔으니 문 좀 열라고 한다. 깊이 자다 일어나 맑은 정신이 들기 전이라 아랫집 생각은 미처 하지 못했다. TV에서 본 별의별 변장 도둑이 떠올랐다.

더럭 겁이 나 안방 쪽을 향해 남편을 크게 불렀다. 남편이 나올 동안 그들을 향해 우리는 싸운 일이 없으니 돌아가라고 했다. 그러나 그들은 집에 들어와 확인해야겠다며 대문 앞에 버티고 있었다. 인터폰으로 한참 실랑이한 후에야 남편이 잠이 덜 깬 목소리로 "와 이리 시끄럽노, 바깥에 누고?" 라며 귀찮다는 말투로 걸어 나왔다. 남편에게 대충 설명하는 것을 대문 밖에서 들었는지 그제야 그들이 돌아갔다. 아마 아랫집 안주인의 허스키 음성을, 비슷한 내 목소리로 오인한 이웃의 누군가가 신고를 했던가 보았다.

편리한 현대식 주거 문화가 이렇듯 불편하게 돌변할 수도 있음을 적나라하게 보여준 사건이었다. 어쩌면 문제는, 주거 문화니 뭐니 하는 거창한 것이 아니라 나의 대처가 서툴렀던 탓인지도 모른다. 마음은 늘 개미처럼 바쁘면서 순발력은 굼벵이처럼 한 발짝 늦으니…. 그런 상황이면 바로 경비실에 연락했으면 되었을 것을. 그 당시엔 왜 그런 생각이 떠오르지 않는지 모르겠다. 경찰을 아랫집으로 보내어 그네들 버릇을 단단히 고쳐놓고, 우리 부부가 받은 오해를 해명이라도 할 걸 하는 후회가 밀려왔다. 경비실이나 관리사무실에 연락할 일이 한번도 없다보니 급할 때 생각이 나지 않았나 보다.

다시 생각해보면 내가 잠시 멍청했던 것이 다행스럽기도

하다. 경찰을 앞세우고 아랫집에 갔더라면, 그래서 그 집에 더 큰 분란이라도 일어났다면 이웃끼리 두고두고 얼굴 붉힐 일이 아니겠는가.

며칠 후 그들 부부와 우리 부부가 퇴근길 엘리베이터 안에서 딱 마주쳤다. 네 사람뿐인 좋은 기회라 내가 말을 꺼내려 하자 남편이 옆구리를 꾹 찔렀다. 그러나 여전히 마음이 불편한 상태라 언제고 그 문제를 짚고 넘어가리라 마음먹은 터였다.

"그저께 아랫집 싸울 때 잠이 깨서 예민한 내가 밤새 잠을 설쳤어요. 더러 있는 일이니 그냥 넘길까도 했지만, 한 달 전 일은 알아야 할 것 같아서요. 한 달 전에도 크게 싸웠지요? 그때 경찰서에서 우리 집인 줄 알고 잘못 찾아 왔기에 겨우 설득해서 돌려보냈어요. 이웃 사람이 신고한 것 같은데 앞으로 좀 조심해야 할 것 같네요." 라며 따지려고 시작했는데, 말을 하다 보니 내가 오히려 미안한 얼굴이 되어버렸다.

그때는 크게 싸우지 않았는데 누가 신고했지? 아랫집 여자가 자기 남편을 슬쩍 보며 하는 소리다. 그때는 나도 싸움 소리를 못 듣고 잤으니 그 말은 맞는 것도 같다. 그러나 방음벽이 무용지물이라는 것을 알려야 했다. 나도 너무 피곤해서 싸우는 줄도 모르고 잤다는 얘기는 쏙 뺐다. 더구나 그들은 내게 미안하다는 한마디 사과도 없었다. 싸움도 습관이 되면 이웃에게 미안함 따위도 생기지 않는 건가.

그 부부는 우리보다 한두 살 위로 보인다. 남자 쪽에서 뭘 잘못했는지 몰라도 싸움만 하면 여자 음성이 새벽 공기를 가른다. 날을 시퍼렇게 세워, 내일이면 당장 남이라도 될 듯 날카로운 음성이 아랫집 윗집으로 쑤시고 다닌다. 그러다가 일방적인 승리인지 곧 잠잠해진다. 그 부인이 얄밉다가도 안쓰러워 보이기도 한다. 언젠가 그녀와 둘이서 엘리베이터 안에서 만났을 때 그녀 손에 들렸던 한 보따리의 약을 본 적 있기 때문이다. 스치는 인사치레로 물어봤더니 신경이 예민해서 먹는 약이라고 했다. 잠자다 자꾸 깨는 일이 짜증이 나서, 나도 예민해서 한번 깨면 잠들기 어렵다고 은근슬쩍 어깃장을 놓았었다.

나야 예민한 편이긴 해도 그런 종류의 약을 먹어본 적은 없다. 그렇지만 만약 남편이 자주 늦게 귀가하고 아리송한 대답을 하며 어물쩍 넘긴다면 그녀처럼 신경이 곤두설 것이다. 더구나 전업주부인 그녀가 종일 혼자 지내다 보면 온갖 잡념에 휘말릴지도 모른다. 사업상 술자리가 잦은 남편을 자정이 넘도록 기다리다가 폭발하는 그의 고민도 이해할 것 같다. 그래도 가끔 기를 쓰고 싸우는 걸 보면 아직도 남편에게 관심과 애정이 남아 있다는 뜻으로 보인다.

제발 엊그제 싸움을 끝으로 아랫집 가정도 평안해졌으면 좋겠다. 옷깃 한 번 스치는 것도 불교에선 오백 년의 인연이라고 한다. 하물며 층을 맞대고 사는 인연이야 소중하다고 강조하여 말할 것도 없다. 아무튼, 두 번 부탁하기 어려운 말을 전달하고 나니 후련하다. 마음으로 그들의 화목을 기원한다. 한편 그들 싸움이 나와 남편과의 사이를 점검하는 계기가 되어주었다.

정월 대보름

정월 대보름이다. 우리 민족의 큰 명절 중의 하나다. 예로부터 이날이 되면 풍성한 먹을거리를 준비해, 마을 집단의 이익과 개인의 복을 기원하는 다양한 의식과 놀이를 하였다. 우리나라뿐 아니라 중국에서도 상원上元이라 하여 8대 축일로 여겼다. 일본도 소정월小正月이라 하여 양력 보름을 국가 공휴일로 정해 명절로 삼고 있다.

정월 대보름에는 오곡밥과 아홉 가지 나물을 해 먹는 풍습이 있다. 찹쌀, 팥, 수수, 조, 콩을 섞어서 오곡밥을 짓는다. 아홉 가지 나물은 콩나물, 고사리나물, 도라지나물, 무나물, 취나물, 시래기나물, 고구마순나물, 호박고지나물, 가지나물 등이다. 옛날에는 싱싱한 남새가 겨울에는 없었기에 대부분 묵은 나물을 썼다. 요즘에야 겨울에도 싱싱한 남새가 나오니 가족이 좋아하는 나물로 하되 꼭 가지 수를 채우라는 법도 없다. 거기다 생선 몇 마리 굽고 조갯살을 넣은 두부 탕국을 끓이면 제격이다.

어릴 적에는 보름날을 설날이 끝나는 날로 생각했다. 정작 이날이 설날보다 더 즐거웠던 날로 기억된다. 온 동네가 잔치 기분으로 들떴다. 세 집 이상의 성姓이 다른 집의 밥을 얻어먹어야 그해 나쁜 운을 면하고 무병하다고 했다. 그래서 여남은 살 먹은 우리 또래는 체를 들고 이웃에 보름 밥을 얻으러 다녔다. 혼자서는 부끄러워 두세 명이 짝을 지어 다녔다. 밥을 얻어 와서 보면 밥 색깔이 제각각 달랐다. 팥의 양에 따라 붉은 색이 짙고 옅으며, 검은콩이 섞이거나 차조나 메조에 따라 색깔이 달랐다. 아이가 없는 집에서는 이웃 아이들이 얻어 온 밥을 들여다보며 맛을 골고루 보았다. 그런 후엔 자기네 밥을 더 많이 퍼 담아 주는 인심도 베풀었다.

이 보름날에 오늘날까지 잘 이어진 풍습이 있다. 바로 부럼을 깨는 일이다. 잣, 은행, 땅콩, 밤, 호두 등의 견과류를 깨물며, 그 깨무는 소리에 잡기가 물러가기를 기원한다. 여러 번 깨물지 말고 단번에 깨무는 게 좋다던가. 부럼과 함께 귀밝이술도 빼놓을 수 없는 음식이다. 바로 이명주다. 보름날 한 잔씩 마시면 귀가 밝아지고, 한 해 동안 즐거운 소식을 듣는다고 했다. 해서 이날만은 웃어른들이 한 잔씩 주면 사양하지 않고 쓴 술맛에 오만상을 찌푸리며 날름날름 잘도 받아마셨다.

보름날은 곰취 잎, 피자마 잎 같은 잎사귀 쌈도 빠트리지 않았다. 이는 꿩 알을 줍는다는 유래와 연관되었던 것 같다. 요즘은 흔해 빠진 게 알이니 아마도 복쌈을 한 움큼 싸 먹는다는 뜻으로 해석하면 될 것 같다.

보름날은 일 년에 다가올 액운 같은 것을 미리 액땜하는 날이기도 했다. 어느 해에 어머니는 토정비결을 보시더니, 그해에 아들이 교통사고 운이 들었다며 허수아비 인형을 만드셨다. 오빠의 이름과 생년월일을 써 붙이고 품 안에 용돈까지 넣었다. 어둑해지기를 기다려 국도변 삼거리까지 나가 길 한복판에 인형을 두고는 거듭 절을 하셨다. 동네 개구쟁이들은 그런 허수아비 품속엔 용돈이 있다는 것을 잘 알고 있었나 보았다.

불 사를 달집에는 마을 사람들의 소원과 액땜을 적은 종이쪽지를 주렁주렁 매달았다. 달이 떠오르면 달집에 불을 질러 함께 함성을 질렀다. 나이 들어도 그 시절의 추억은 생생하다. 지금도 정월 대보름날만 되면 괜히 마음이 설레고 들뜬다.

바쁘게 살면서도 보름날 오곡밥을 거른 적이 없다. 평소보다 두어 시간 일찍 일어나 전날 밤에 씻어 불려 둔 오곡을 전기밥솥 두 개에 안친다. 아이들이 어릴 때는 어마하게 큰 솥을 연탄불 위에다 놓고 밥을 많이 지어 이웃들과 나눠 먹었다. 찰밥을 큰 솥에 너무 많이 안치면 위에는 채 익지도 않았는데 밑에서는 탄내가 난다. 뜸을 들일 때는 낮은 불로 바꾸고, 위아래를 몇 번씩 저어주며 천천히 뜸을 들이면 맛있는 찰밥이 된다. 예전에는 상가에 세 든 사람들이 찰밥을 잘 해먹지 않는 것 같아 많이 해서 나눠 먹었다. 요즘엔 전기밥솥이 있어 간단하다. 그런데도 요즘 젊은 사람들은 보름에 오곡밥을 해먹지 않는다. 너나 할 것 없이 바쁘다는 핑계를 대지만 꼭 그 탓만은 아닌 것 같다.

조금만 부지런 떨면 건강에도 좋은 오곡밥을 해 먹을 수 있다고 생각한다. 이럴 때 이웃과 한끼라도 나눠 먹는 기쁨도 누려보라고 권하고 싶다. 생각해 보면 조상들의 지혜가 놀랍다. 보름날 친척 집이 아닌 성씨가 다른 셋 집 이상의 밥을 고루 먹으려면, 이웃과 사이좋게 지낼 수밖에 없을 것이다.

오늘도 나는 오곡밥과 나물 일곱 가지에 조기를 몇 마리 구워 안방에 차렸다. 조상님들께 정월 대보름임을 중얼중얼 알리며 혼자 절을 했다. 나만의 대보름 제를 지내곤, 아침식

사 전에 부랴부랴 앞집 할머니 부부에게도 한 상 차려다 드렸다. 그 나이가 되면 나도 귀찮아서 해먹지 않을 것 같다. 더구나 앞집 할머니는 편찮으시다.

남은 찰밥은 가게로 가져가 이웃들과 점심으로 먹으니 다들 맛있다며 찬탄한다. 저녁엔 고향 친구 부부 몇이 귀밝이술 하자며 찾아와 섭섭지 않은 보름날이 되었다. 이런 날은 남편과 고향동네 동기생임이 생뚱스럽게 고마워진다. 정월 대보름날 우리 집에 오면 항상 맛있는 찰밥이 있더라고 찾아주는 친구들이 있어 나물 한 가지라도 더 만들게 된다.

세태가 변해도 이날만큼은 오곡밥을 지어 이웃과 정을 나누는 날이 되었으면 좋겠다.

금정산 미륵사

금정산에 있는 미륵사를 찾았다. 금정산에는 많은 산내 암자가 있다. 그중 미륵사는 금정산에서 가장 높은 위치에 있는 절이다. 원효대사가 창건한 유서 깊은 이 사찰을 남편과 함께 찾아 나선 길이다.

동래 산성 북문 쪽에서 가마득히 올려다보니, 산꼭대기 높은 바위 아래로 위태롭게 매달린 작은 암자가 보인다. 바로 미륵사다. 지금은 금정산 북문까지 임도가 닦여 가는 길이 수월해졌다. 예전에는 불심이 깊은 이가 아니면 찾아가는 길을 엄두도 못 낼 사찰이었다고 한다. 아슬아슬 바위 끝에 달린 암자가 바람이라도 세차게 불면 날아가 버릴 듯하다. 바위가 굴러 떨어지지는 않을까 염려하는 마음으로 미륵사를 올려다 본다. 등산로인 좁은 오솔길을 걸어올라 땀이 기분 좋게 배어나올 즈음 목적지에 닿았다.

멀리서 바라볼 때는 초가집 처마 밑에 매달린 호롱불 같더니, 막상 미륵사에 발을 들여놓는 순간 깜짝 놀랐다. 과연 그 옛날 원효 스님의 혜안을 찬탄하지 않을 수 없다. 풍수지리에 일가견도 없는 내 눈에도 명당 중의 명당인 듯 보였다.

경내 중앙의 염화전 뒤로 병풍처럼 둘러 처진 바위가 여섯 마리 코끼리 상을 하고 있다. 마당에서 바위를 올려다보니 불교와 인연이 깊은 영락없는 코끼리다. 인도 카필라국 정반왕의 부인인 마야 왕비가, 여섯 어금니가 돋아난 흰 코끼리가 하늘에서 내려와 오른쪽 옆구리로 들어오는 꿈을 꾸고 얻은 태자가 석가모니 부처가 아닌가. 원효대사도 코끼리 상 바위를 천연 미륵불로 보았다고 했다. 원효대사가 감격에 겨워 바라보았을 코끼리 상을 나도 한참 넋 놓고 바라보고 섰다.

법당에 들어가 부처님 전에 엎드렸다. 이렇게 좋은 부처님의 성지를 가까이에 두고도 이제야 찾아왔음을 사죄했다. 법당을 나와 좁은 계단을 따라 오르니 독성각이 나온다. 독성각에 들어가 잠시 기도하고 돌아 나오는데 하아, 그냥 입이 딱 벌어진다. 계단 난간에서 멀리 보이는 광안대교와 주변 경관이 신천지처럼 펼쳐졌다. 비행기에서 인간들이 사는 세상을 멀리 내려다보는 기분이다. 아니, 꼭 차안과 피안의 경계인 듯 꿈결인 듯 아련하다. 원효대사도 참선했을 것 같은, 인간 세상이 가마득하게 여겨지는 이곳이 정녕 무릉도원이 아닐까.

미륵암에는 쌀 굴과 장군기를 꽂았다는 바위 구멍이 두 개 있다. 칠성각 쪽 계단 중간쯤에 쌀 바위를 알리는 안내판이 있다. 매일 아침, 작은 구멍에서는 그날 먹을 끼니만큼만 쌀이 떨어졌다고 한다. 어느 날 사미승이 구멍을 더 크게 하면 더 많은 쌀이 나올 거라 믿고 작대기로 구멍을 쑤셨다. 그 뒤부터 쌀은 나오지 않고 물이 나왔다고 전한다. 그 물이 지금은 미륵사의 식수로 이용되고 있다. 나도 그 옛날 원효 스님이 서 계시던 그 자리에서 그분이 마시던 물을 한 쪽박 떠마셨다. 머리가 절로 맑아지는 듯해 고개를 숙였다. 하루아침에 일확천금을 꿈꾸는 오늘날의 우리에게, 앞서간 선지식은 얼마나 큰 교훈을 남기는가.

다행히 미륵암과 인연이 닿아 부처님을 찾아뵈었다. 다음엔 더 여유롭게 와서 팔순이시라는 이곳 백운 노스님도 만나 뵙고 싶다. 그땐 바쁠 것 하나 없이 천천히 정취에 젖어 보리라.

시골 초등학교 동창회

초등학교를 졸업한 지 33년 만에 두 번째 총동창회가 열렸다. 그 며칠 전부터 남편은 동창생 명부를 작성한다며 틈만 나면 장부를 붙들고 앉았다. 곳곳에 전화를 해대며 메모지에 적어둔 인사말을 외우느라 거실을 부산하게 돌아다녔다. 나도 삼십 여년 넘게 못 만난 어릴 적 동무들을 만난다는 설렘으로 들떠있었다. 고향 동무들에게 나눠 줄 스카프와 손수건을 넉넉하게 챙겨두고 기다려 온 날이다.

새벽부터 일어나 거울을 보고 또 보았다. 정성 들여 화장하고, 볏논에 난 피 마냥 눈에 띄는 흰 머리카락을 염색약으로 숨겼다. 가까이에 사는 동창생들을 우리 차에 태우고 고향으로 출발했다.

경남 고성군 고성읍 월평리에 자리 잡은 철성초등학교. '총동창회 2회 개막식'이란 커다란 플래카드가 내 걸린 학교 정문을 들어섰다. 입구에 마련된 동창생 방명록에 부부가 나란히 사인했다. 식장에 들어서니 친구들이 먼저 와서 19회 팻말이 붙은 자리에 앉아 있다가 부산 친구들이 들어서니 반갑다고 이름을 부르며 난리다. 부산의 중학교에 가면서 이름을 개명한 나를 아직도 일선이라 부르며, 가슴에 단 '희선'이란 명찰을 눈여겨보지도 않았다. 1회 동창회 때는 연락이 닿지 않아 못 만난 친구들이다. 행여 세월 따라 변했을 모습을 우려해 주최 측에서 마련해 준 이름표를 달았다. 하지만 이름표는 볼 새도 없이 서로를 알아보았다.

총 75명이던 우리 19회 학생이 두 해 정도 두 반으로 갈린 적이 있었다. 이런 중에도 6년 동안 같은 반에서 공부한 친구도 있다고 했다. 하긴 큰 동네, 작은 동네, 그 옆 동네, 학교 주변에 사는 아이들이 전부다. 어쩌다 객지에서 마주치면 모를까 그 얼굴과 이름을 잊을 리 없다.

그동안 전국 각지로 흩어져 제 살기 바빴던 탓에 소식을 끊고 살았다. 그런 중에 시골 인구가 계속 줄다 보니 학생 수가 줄어 들어 폐교위기가 되었다. 이런 모교를 살리기 위해 뜻있는 졸업생들이 모여 총동창회를 출범시켰다. 우리가 다닐 때는 전교생이 600명이 넘었다. 지금 그 십 분의 일로 줄어든 것만 봐도 농촌의 위기가 실감 난다. 모임 첫해엔 연락이 닿지 않아 모인 동창이 적었는데 올해는 우리 기수가 20명이 넘어섰다.

전국 곳곳에서 잘 나가는 선배들은 다 모였다. 행사장에 마련한 뷔페식 점심도 어느 도회의 음식보다 먹을 만했다. 모교에서 엎어지면 코 닿을 곳에 있는 싱싱한 바다 냄새를 회 한 접시에 담았다. 파전 한 조각에서도 맛깔스런 고향의 맛이 흠뻑 우러나왔다.

행사 순에 따라 노래자랑도 있었다. 우리 기수엔 가수가 꿈이었던 남편과 서울서 온 목청 고운 우리 동네 점이가 멋지게 불렀다. 둘의 노래가 끝나자 어릴 적 옆집 친구이자 한 해 선배가 나섰다. 동창회에 참석한 유일한 동창 부부라며 음치인 나를 무대 위로 끌어올렸다. 노래는 음치라 자신이 없었다. 그냥 무대를 내려갈 수도 없어 얼떨결에 평소 흥얼거리던 노천명의 시 <이름 없는 여인이 되어>를 한 수 읊었다. 언제나 시골을 그리워하고 있다는 뜻이었을 거다. '나는 조그만 산골로 들어가/ 이름 없는 여인이 되고 싶소./ 초가지붕엔 박 넝쿨 올리고/ 삼밭엔 오이랑 호박을 놓고/ 들장미로 울타리를 엮어/ 마당엔 하늘을 욕심껏 들여놓고/ 밤이면 실컷 별을 보고…' 어릴 때의 추억에 젖어 더듬더듬 겨우 시 한 수를 읊고 내려왔다. 이때 우리 동기생 모두가 우르르 몰려나와 무대 위로 나를 붙잡아 다시 올라갔다. 예정에도 없던 합창을 하며 춤 파티까지 여는 바람에 분위기는 고조되었다.

오전에 시작한 총동창회가 언제 끝날지 모르는 분위기로 접어들자 우리 동기들은 회의장을 살짝 빠져나왔다. 예약한 읍내 바닷가 별장 횟집으로 모였다. 우리는 뜻을 모아 은사님 두 분을 모시기로 했다. 이미 돌아가신 은사님도 계시고, 살아계셔도 연세가 많아 언제까지 우리를 기다려 줄지도 몰랐다. 은사님께 감사의 선물을 드리고 싶었다. 그렇다고 처음 나온 친구들에게 부담을 줄 수도 없어 우리 부부가 금반지 5돈씩 두 개를 마련해 동기회에 기증했다. 이것을 동기회 이름으로 두 스승님께 전달했다. 오래 건강하게 사시라는 뜻으로 '수복'이란 글자와 '철성 19회'란 글귀를 예쁘게 새겼다.

이윽고 4, 5, 6학년을 연달아 담임하셨던 서홍조 선생님께서 들어오셨다. 모두들 급히 일어나 큰절로 은사님을 맞았다. 이제 70을 바라보는 은사님, 50을 코앞에 둔 제자들, 얼추 같이 늙어갈 것 같다는 누군가의 농담에 한바탕 웃음꽃도 피웠다.

하지만 가난했던 지난 시절, 학교에서 강냉이 죽을 쑤어 점심 거르는 학생들에게 급식했던 얘기가 쏟아져 나올 때는 분위기가 차분해졌다. 배를 쫄쫄 굶으면서도 그 못난 자존심 때문에 "우리 집은 가난하지 않은데 귀찮아서 도시락 안 싸 온다."며 옥수수 죽을 거부했다는 남편. 남편의 고백에 그 시대의 배고픔을 함께한 모두는 공감이 깃든 아린 웃음을 머금었다.

노래방으로 자리를 옮긴 우리는 목이 터져라 '친구야 친구'를 부르며 어린 시절 동무들과 헤어지는 아쉬움을 달랬다.

초등학교 동창회를 왜 이제야 하게 되었을까. 이에 대해 곰곰이 생각한 사람이 나뿐 만은 아니었을 것이다. 전쟁 중에 태어난 우리 대부분이 가난해서 공부를 많이 하지 못했다. 70여 명 되는 동기 중에 대학을 졸업한 이는 댓 명이 채 안 될 정도다.

시골에서 밥은 먹고 살 정도였던 남편도, 아홉 형제이다 보니 부모의 도움은 중학교까지가 다였다. 중학교 졸업 후 남편은 부산으로 도망을 나왔고, 나와 결혼한 후 같이 고등학교와 대학을 다녔다. 낮에는 가게에서 함께 일하고 야간으로 학교에 다녔다. 환경에 굴하지 않고 부지런히 일했기에, 부모가 대학을 보내준 친구들보다 오히려 당당하고 보람된 삶을 사는지도 모르겠다.

가난이 싫어 전국 각지로 돈 벌러 나갔다가 그곳에 눌러

앉게 된 친구들. 그들도 나름대로 무척 고생했을 거다. 선뜻 가지 못하는 고향은 또 얼마나 그리웠을까. 어린 시절을 함께 보낸 해맑았던 친구들이 보고 싶었던 건 모두 한마음이었을 거다. 내년에는 더 많은 동기가 참석하길 기대하는 마음이 크다. 우리 부부의 어깨에 무거운 짐이 한가득 실렸음을 감지한다.

서울, 대구, 부산, 마산, 진주, 고성 등지에서 각자 삶에 충실한 친구들 환한 미소가 언제까지나 이어지기를 바란다. 또한, 건강한 모습으로 다시 만나기를 고대한다.

고양이를 찾아줘

내일 서울 가서 아이들 집의 고양이를 치워야겠다. 미국에 무사히 도착했다는 큰딸 내외의 전화를 받자마자 저녁 식탁에서 남편이 하는 말이다.

딸은 애지중지하던 고양이와 그 새끼 때문에, 신랑을 따라가야 하는 미국행도 마음이 무거워 보였다. 살던 집을 시동생에게 맡기면서 고양이도 덤으로 단단히 부탁한 모양이다. 그래도 마음이 안 놓여 하기에, 고양이에게 손 못 대게 할 테니 걱정하지 말고 잘 다녀오라고 안심을 시켰다. 남편과 딸이 종종 고양이 문제로 부딪쳤기 때문이다.

어쩌다 딸이 사는 서울 집에 가보면, 이건 사람이 사는 집이 아니라 고양이들의 세상이었다. 사방이 고양이 털이고 냄새도 지독했다. 냄새에 특히 예민한 남편은 하룻밤도 편히 잘 수 없다고 불만이었다. 큰딸이 사윗감과 함께 미국유학 중일 때는 작은딸이 또 고양이와 착 달라붙어 살았다. 의지가 된다기에 도저히 몰아낼 엄두를 못 냈다. 알레르기가 걱정인 작은딸도 고양이라면 사족을 못 썼다. 잘 듣던 부모 말도 귓등으로 흘려들었다. 우리 부부가 저들이 사는 집에 가면 고양이를 구석에 감추느라 바빴다.

제발 그러지 말라고, 큰애도 아이가 생기면 고양이를 다른 곳으로 보낸다고 약속하지 않았느냐고. 그러니 그때까지만 모른 척하자고 남편을 구슬렸다. 그러나 남편 결심은 더 굳건했다. 애들은 맘이 약해서 절대로 고양이를 떼어놓지 못한다고. 악역은 내가 맡을 테니 당신은 모른 척만 해주면 된다고 오히려 나를 구슬린다. 우선 고양이들을 시골 큰집에 데려다 놨다가, 딸이 아기 낳아 다 키우고 나면 도로 데려다주겠다고. 더구나 시골 사는 형님이 오토바이 사고 후 몸이 불편해 종일 혼자 집에 계시는데, 고양이와 벗 삼으면 누이 좋고 매부 좋은 일 아니냐고.

이쯤 되면 남편의 고집을 막을 수 없다는 것을 모를 리 없다. 남편은 나 몰래 며칠 전부터 가게 옥상에서 미리 준비를 다 해놓았단다. 고양이를 잡을 올가미며 큰 상자, 자루 따위를 차 트렁크 안에 준비해 두고 있었다. 고양이들을 붙잡아 시골로 데리고 간다는 007작전이었다.

실은 나도 고양이는 예로부터 요물이라는 선입견 때문인지 별로 달갑지 않았다. 그런데도 딸애 집의 고양이는 자꾸만 쓰다듬고 싶어지는 귀염둥이들이었다. 큰딸이 몇 년 전 선배로부터 새끼 한 마리를 분양받아 키웠다. 검정과 겨자색이 알맞게 섞인 멋진 암컷이었다. 언젠가 이 고양이에게 예방접종을 하려고 뚜껑 달린 큰 바구니에 담아 나갔다가 집 근처에서 잃어버린 적이 있었다. 잃었던 주위를 날마다 맴돌며 '마키야'를 애타게 불렀는데, 일주일 만에 뼈만 앙상해진 것을 찾아왔다. 새끼를 낳는 자연의 섭리를 한 번은 주어야겠다는 아량에 잘생긴 놈과 합방시켜 새끼 세 마리도 얻었다. 그런데 빈집에서 어미 고양이가 외로울 것 같아 수놈 한 마리를 남겨 둔 게 탈이었다. 천방지축인 수놈 때문인지 집안은 엉망이 되었다. 이것이 남편이 고양이를 내몰도록 한 화근이 되었다.

남편의 계속되는 강요에 내 주장도 슬며시 수그러들었다. 대신 서울로 떠날 남편 꽁무니를 따라다니며 고양이 다치지 않게 시골에 잘 데려다 놓으라고 신신당부했다. 그러나 남편 말대로 고양이는 넓은 땅을 밟으며 밤엔 마음껏 목청도 뽑으면서 자유롭게 살게 해줘야 했다. 그것이 그들을 위하는 길이라고 애써 위안 삼았다. 한데 시골에 막 도착한 남편으로부터 생각지도 못한 사고가 났다는 급보가 날아들었다. 비어 있던 철망 개집에 바뀐 주인을 알아볼 때까지만 넣어두려 했단다. 한데 꾀 많은 어미 고양이가 상자를 여는 순간 달아나버려 놓쳤다는 거다. 큰댁과 한 담벼락인 앞집이 수년째 폐가로 있어 그쪽으로 달아났다고. 사료와 물을 곳곳에 두고 찾는 중이니 걱정하지 말라고 한다.

며칠이 걸려도 좋으니 고양이를 찾아놓지 않으면 집에 올 생각 말라고 화를 내며 전화를 끊었다. 밤늦게 돌아온 사돈 총각은 책임진 고양이들이 메모 한 장과 바뀌어 사라졌으니 놀랐다. 사돈어른의 부탁도 잊고, 급한 마음에 미국의 형수에게 연락할 수밖에 없었다. 이번에는 미국에서 큰딸이 울고불고 난리가 났다. 내일 당장 고양이 찾으러 한국으로 도로 나오겠단다. 설마 했던 남편은 전화로 딸과 한바탕하면서, 그놈의 고양이 때문에 귀국하면 부녀간의 연을 끊겠다며 호통을 쳤다. 그러나 딸은 만만한 엄마에게만 매달려 고양이 찾아달라며 비싼 통화요금은 안중에도 없다. 아무래도 엄마의 능력을 믿을 수 없었나 보다. 1년 전 일본으로 취직해간 동생에게 연락해 도움을 청했다. 일본에 사는 작은딸이 연락도 없이 곧바로 날아와 시골로 고양이를 찾아 나섰다.

고양이에게 특별 간식으로만 주던 생선 통조림을 숟가락으로 두들기며 "마키야. 마키야" 하고 목이 쉬게 부르며 동네를 헤맸다. 사이사이 폐가가 낀 70가구가 될까 한 동네를 꼬박 한나절 헤매고 다녔다. 귀에 익은 다정한 목소리에 행여나 나타나기를 기다리며 애가 달았다. 그러나 한번 달아난 고양이는 감감무소식이었다. 자신을 버리고 간 주인을 벌써 잊고 정을 떼버린 건지. 개나 고양이를 산다고, 손 마이크 들고 다니는 개장수 아저씨를 하필 맞닥뜨려 작은 딸애의 마음을 철렁 내려앉게 했다. 직장을 오래 비울 수 없는 막내는 내게 찾아봐 달라는 부탁만 남기고 일본으로 돌아갔다.

추석을 지낸 지 얼마 되지 않은 때다. 예고 없이 찾아오는 소매상 손님을 허탕 치게 할 수 없어 시골로 내려가지 못하고 있었다. 시골 형님에게 전화해서 동네에 고양이 찾는 방송을 해달라고 부탁했다. 외래종같이 덩치가 크고 잘생긴 고양이를 찾아주면 섭섭지 않게 사례를 하겠다고. 몇 번의 동네 방송 덕분에 두어 군데서 비슷한 고양이를 봤다는 연락이 왔었다. 그러나 달려가 보면 그 집 개밥만 축내고 달아나버린 후였다.

혹시 남편이 고의로 한 마리라도 덜자는 생각은 아니었나 하고 의심도 했다. 그러나 도둑고양이 새끼라도 원하면 서울에 데려다 놓고 싶은 심정이라며 자신을 믿어 달라고 한다. 사위까지 딸들과 한패가 되어 "이제 저희도 성인인데 그

정도는 저희 맘대로 할 수 없습니까?" 하며 처음으로 장인에게 말대꾸도 했나 보다. 점잖은 박사 사위에게 싫은 소리 들으니 남편도 기운이 빠진 모양이다. 고양이 잡으러 간다던 기상은 다 어디로 가고, 돌릴 수만 있다면 원상태로 다 돌려놓고 싶다고 하소연한다. 따지고 보면 남편이 생트집을 잡는 것도 아니다. 결혼 후 딸아이 임신이 늦어지는 것도 그놈의 고양이 때문이 아닐까 했다. 실은 나도 마음 한쪽이 언짢긴 했다.

약속은 신뢰의 시금석이라고 강조하는 내가, 딸들과의 약속을 못 지킨 요즘 마음이 어수선하다. 잊을 만하면 퇴근길의 어둑한 아파트 입구 화단 가에서 도둑고양이들을 만나곤 한다. 정호승 시인은 <도둑 고양이>란 시에서 '나는 도둑질을 가르친 적이 없다.'라고 했다. 사랑하는 내 딸들도 고양이에게 도둑질을 가르치진 않았을 텐데, 집 나간 고양이는 결국 도둑고양이가 되고 말 것인가. 다만 생존을 위해 어딘가에서 개밥이라도 훔쳐 먹으며 자유롭고 건강하게 살아주길 바랄 뿐이다.

내 가슴속에 묻은 마키, 그놈 생각에 오늘도 15층이나 되는 내 집으로 올라왔다가 먹을 것을 가지고 다시 아파트 입구로 내려간다. 언제쯤이면 거리의 고양이를 보아도 덤덤히 지나칠 수 있을는지.

짧은 견문록

구인사를 오가며

한동안 벼르다가 구인사로 떠났다. 보통 사찰과는 달리 구인사에 가는 신도들은 대부분 일박을 하게 된다. 초행자는 4박 5일의 기도를 원칙으로 삼는다. 그래야 온전한 3일 기도가 되기 때문인 것 같다. 제2의 구인사라 불리는 부산 진구 초읍의 삼광사에서 충북 단양 구인사까지의 전세 버스는 주말엔 항상 만원이다. 표를 예약하지 않으면 당일엔 구하기가 어려울 만큼이다.

나는 하루 대부분을 가게 안에서 지낸다. 그 때문에 날씨가 이렇게 가문지 몰랐다. 시골로 나갈수록 가뭄의 흔적이 역력하다. 작은 개울은 이미 말라붙었고, 큰 내는 가운데 일부에만 물길이 이어지고 있다. 물에서 북적거렸을 많은 생명은 다 어디로 갔을까. 나도 모르게 긴 한숨이 나왔다. 미꾸라지야 물기 있는 흙 속에서라도 며칠은 견딜 수 있을 것이다. 하지만 성질 급한 송사리는 고인 물에서는 금방 죽는다.

소녀 적에 송사리를 낚아 읍내 장에 팔러 나갔다. 체에다 장대 끝을 잘라 꽂아 단단히 묶어서 물 깊숙이 넣고, 보리개떡 버무린 밑밥을 뿌려 주면 송사리가 사방에서 모여든다. 바로 낚아채 물 대야에 담가 두어도, 하루를 못 넘기고 흰 배때기를 뒤집으며 죽던 것을 수없이 봐 왔던 터였다. 밭 농작물도 군데군데 푸른빛이 퇴색되어 단비를 기다리고 있다. 시금치 한 주먹에 3천 원이나 한다고 구시렁거렸던 내가 부끄러워졌다.

벼농사는 그래도 농수로가 잘 되어 있어 그런지 가뭄의 흔적이 덜하다. 나락 꽃이 띄엄띄엄 탐스럽게 핀 걸 보니 큰 태풍만 없고 가뭄이 오래 이어지지만 않으면 풍작일 것 같다. 나는 계획된 여행보다 오가는 길의 창밖 구경에 여행의 매력을 느낀다. 그래서 구인사에 가자고 하면 자다가도 따라붙을 지인이 두어 명 있는데도 혼자 살짝 나선 길이다.

버스는 한 시간 반쯤 달려 경북 영천에 다다랐다. 꽤 큰 규모의 사과밭이 시야에 들어오기 시작한다. 남쪽엔 벌써 햇사과가 출하되고 있는 때다. 이제 막 꽃 떨어진 풋감처럼 생긴 게 사과가 맞는지 의심이 되었다.

버스는 갑령 휴게소에서 잠시 쉬고 다시 출발한다. 갑령에서부터 고추밭과 참깨밭이 눈에 자주 띈다. 그래도 이쪽은 가뭄이 덜했나 보다. 고추와 참깨가 촘촘히 달렸다. 더러 심어 본 고추보다 참깨에 눈이 자꾸 간다. 우리 집엔 깨를 많이 심지 않았다. 집 뒷밭에 우리 식구 먹을 양념거리와 귀한 손님이 오면 한두 되 선물삼아 싸줄 정도만 심었다. 어머니는 깻단을 삼각형으로 묶어 마당 가에 쭉 세워 말렸다. 다 마르면 멍석 위에다 비닐을 넓게 펼치고는 깻단을 놓고 도리깨질을 해댔다. 마지막 한 알까지 건지려 양손에 깻단을 들고 서로 두드려 탈탈 털곤 했다. 요즘에는 시골에도 옛날처럼 깨를 많이 심지 않는 것 같다. 질은 못하지만 가격이 우리 깨의 삼분의 일에 불과한 중국 수입 깨 때문인 것 같다. 그러니 기르는 농작물도 세태 따라 변하는 것 같다.

삼국유사의 고장 군위를 지나면서부터 목적지까지 갈 동안 버스 안에는 천수경, 반야심경 등의 불경과 법문이 흘러나온다. 부산 동구 초량동 소림사 해인 스님의 참회법문이라고 한다. 그 법문에 귀만 열어놓고, 언제 한 번 소림사에도 가봐야겠다 생각하며 바깥 경치 눈동냥 하기에 바쁘다. 검정 비닐하우스 속 인삼밭이 드문드문 지나간다.

오후 두 시가 가까워서야 단양군에 도착했다. 단양팔경으로 유명한 이곳은 댐을 중심으로 도담삼봉, 온달산성, 천체관측소, 고수동굴 등 가는 곳마다 비경이다. 남한강이 단양 시가지를 감싸 안고 뱅뱅 도는데, 강의 북단쯤에 이르면 바보 온달과 평강 공주의 설화로 잘 알려진 온달산성의 이정표가 나타난다. 그 바로 옆으로 구인사로 향하는 잘 포장된 도로가 남한강을 옆구리에 끼고 돈다. 예전엔 무척 험난하고 위험한 길이었다. 노태우 전 대통령이 선거운동 당시 구인사에 찾아와 본인이 국가 원수가 되면 구인사가 원하는 한 가지는 밀어주겠으니 협조해 달라고 했단다. 대통령이 된 후 약속대로 구인사가 원하는 도로를 안전하게 잘 포장해 주었다고 한다. 이는 언젠가 윤달 삼사순례 때, 전국 사찰에 관한 한 꽤 박식한 관광버스 기사가 구인사로 가는 길에 설명해 준 말이다. 그게 사실인지 아닌지는 확인할 길이 없다.

구인사로 진입하는 길 일부 구간을 지날 때, 버스에서 수십 미터 아래를 내려다보면 현기증이 날 정도다. 그다음 참배 때는 그 길을 지날 때 차창 밖 구경도 포기하며 앞만 보고 관세음보살만 염송했던 기억이 새롭다. 고소공포증이 있어 이 길을 오갈 때면 불안감을 떨치지 못한다. 반면 길이 험난해 맛본 멋진 추억도 함께 갖고 있다.

구인사라면 열 일 제쳐놓고 나서는 지인들과 여름 장마철에 기차여행을 했다. 그날따라 비가 많이 와서 강에 갑자기 물이 불어나 낮은 다리가 물에 잠겼다. 그때 시내버스를 탄 채 배를 탔던 일은 평생 잊을 수 없는 추억거리다. 이름만 배였지 버스를 강 건너까지 태워다 주는 바지선 같은 거였다. 물이 황톳빛으로 불어난 넓은 강에, 버스가 뗏목을 타고 건너는 그림을 상상이나 해 봤을까. 가슴 벙벙한 우리를 태운 배는 차안과 피안의 세계를 오가는 환상의 세계 속에 있었지 싶다. 튼튼하고 멋진 대교가 높다랗게 놓인 요즘에야, 빼어난 주변 경관을 느긋하게 바라보며 감상에 젖어 볼 사이도 없이 구인사 입구로 들어선다.

대한불교천태종 구인사救人寺, 일주문을 지나 1박 2일 숙박 표를 구매해 가슴에 달고 법당으로 올라갔다. 구인사는 절 앉음새가 좀 특이하다. 풍수의 형국으로 보면 금계포란형이라고 한다. 이는 금 닭이 알을 품은 형상이라서 신도들은 절에 오기 며칠 전후해서는 닭이나 달걀을 먹지 않는단다. 경내에 연못이나 물이 흐르는 곳이 없는 것은, 절 앉음새가 산골짝 하나를 차지한 채 가운데 길 하나를 두고 양쪽으로 건물이 쭉 들앉았으니 이상할 것도 없다. 그러나 깊은 산중에 모기 한 마리 없는 것은 좀 특이하다. 물 고생을 하니 모기 고생은 더나 보다.

"이 세상에 내 것이 어디 있나. 쓰다가 버리고 갈 뿐이다." 라는 구인사 1대 종정의 법어 한 줄 적힌 푯말이 바람에 흔들리며 신도들을 맞는다. 본래무일물本來無一物, 즉 본래부터 한 물건도 없다는 이 말은 선가에서 물物에 대한 소유관념을 표현한 말이다. 일이 한가한 여름철이라도 가게를 하루 비우려면 몇 번 망설이다가 큰 맘 먹고 길을 나선다. 다 물질에 대한 욕심 때문이 아니겠는가. 일 년에 한 번꼴로 구인사에 가겠다고 마음에 새겨두고도 잘 행하지 못하는 내가 새겨들어야 할 말씀들이다. 그래도 구인사를 가끔 오가며 공들인 시간만큼 비우는 마음이 늘어나면, 나이 들어가는 것과는 반대로 욕심도 차츰 잦아들지 않을까 싶다.

종정의 법어가 바람에 그네를 타고 있다. 그 주변 돌담 산수가 숨차게 올라오는 이들의 목을 축여 준다. 나도 쪽바가지로 물을 넘치게 떠서 목을 축이고 법당이 있는 본 건물로 올라간다. 천여 명을 수용할 수 있다는 넓은 곳이지만, 행사 때는 바깥까지 자리를 깔고 기도하는 걸 본다. 겨우 양해 받은 좁은 자리에 가방을 놔두고 손지갑만 들고 법당으로 올라갔다. 법당에 모셔진 여러 부처님께 각각 삼배씩 절했다. 바로 물러 나와 백팔 염주를 넘기며 백팔 배를 시작했다. 진실 된 삶의 길을 모르고 탐 · 진 · 치 삼독에 빠져

어리석은 길을 걷는 우리 중생들에게 부처님의 밝은 지혜로 바르게 이끌어 주십사 하고 기도하며 절했다. 작은딸이 대학 입시에 좋은 성적을 거둘 수 있게, 건강하고 탈 없이 잘 버틸 수 있기를 기도했다.

배가 고팠지만 상월 1대 종정 산소(적멸보궁)에 가기 위해 법당을 나섰다. 산소로 오르는 길도 처음 왔을 때보다는 오르기가 수월하다. 길가로 밧줄이 처져 있어 손잡이가 되어준다. 구인사에 오면 1대 종정만 모신 적멸보궁에 와서 참배하는 것이 관례로 되어 있는 듯했다. 산 정상인 적멸보궁에서 멀리 서쪽 아래로 바라보면, 2대 종정 남대충 대조사님의 산소가 있다. 며칠씩 머무는 사람들은 그곳까지 참배를 가지만, 1박 2일의 빠듯한 시간이라 꽤 먼 그곳까지 갈 수가 없다. 2대 종정의 산소엔 고향 친구 부부와 딱 한 번 참배했을 뿐이다.

사람들이 올라가는 모습 또한 각양각색이다. 수건을 똬리로 만들어 물병을 머리에 이고 명상에 잠긴 듯 오르는 중늙은이, 연인과 손을 맞잡고 재잘대며 단숨에 한두 계단씩 뛰어오르는 젊은이, 관세음보살을 나직하게 음송하는 나 같은 사람, 참배를 마치고 내려오는 이들에게 "아직도 멀었습니까?"라고 묻는 사람, "아직 갈려면 까맣다." 라고 누군가가 겁주면 중도에서 포기하고 내려가는 사람까지.

드디어 정상, 上月圓覺 대조사 천태종 중 창조주님의 적멸보궁 앞에 도착했다. 봉분의 크기가 보통 묘의 열 배 남짓하다. 그러나 구인사에 자주 다니는 지인에 의하면 원래 봉분은 그리 크지 않았다고 한다. 신도들이 산 아래에서 흙 한 줌씩을 갖다 붓는 정성이 모여 처음 봉분보다 훨씬 커졌다고 한다. 사람들이 1대 종정을 떠받들어 모시는 데는 그만한 이유가 있을 것 같다. 구인사는 호국불교로 나라를 위한 기도도 많이 한다고 전한다.

내가 적을 두고 다니는 절은 조계종이다. 우연히도 두 곳 다 비구니 스님들만 계시는 곳이다. 그런데 천태종에서 행하는 의식과는 다른 점이 더러 있다. 눈에 띄게 비교되는 의식 하나는, 조계종에서는 스님 입적 시 화장을 하고 천태종에서는 묘를 쓰는 것이다. 다만 불교에서 실제로 우리 눈에 보이는 사찰은 부처님의 집이며, 불상은 부처님을 대신해 섬기는 하나의 방편인 것처럼, 각 종파에서 의식을 달리 행하는 것도 부처를 대하는 각각의 방식이라고 생각한다. 원래 뿌리와 줄기는 하나인데 가지가 무성하다 보니 여러 종파로 나뉜 게 아닐까. 그런 점에서 볼 때 불교든 기독교든 자비와 사랑이란 단어만 다를 뿐, 성인의 가르침은 크게 다르지 않다고 본다.

적멸보궁에서 삼배를 드리고 전망대로 갔다. 여기서 바라보는 소백산은 그 흐름이 매우 유려하다. 국망봉과 연화봉을 경계로 동쪽과 남쪽은 경상북도, 서쪽과 북쪽은 각기 강원도와 충청북도로 나뉜다. 소백산의 지맥이 아홉 개의 봉우리를 이루면서, 그들 사이사이의 골짜기가 여덟 개의 문으로 되어 있어서 절경을 이룬다. 해서 구봉팔문九峰八門이라 부른다. 그러나 순간 아연했다. 그 멋진 산허리를 우악스럽게도 국립공원을 만든다고 길을 내어 엉망으로 버려 놓았다. 지난여름에 왔을 때는 없었던 길을 낸 지 오래되지 않아 보였다. 벌겋고 흉해 보이는 산을 바라보다 말문이 막혔다.

"보소, 길 잘 닦아 산 베린 쪼다리 보니 이 좋은 산 정기가 줄어들까 걱정돼요." 사투리로 보아 경상도에서 온 아내가 그 남편에게 하는 말 같다. "그래도 맞은편 산 중턱에 새로 낸 길이 이쪽 구인사 쪽으로 이어놓은 것 같으니 절에 오는 사람들이 더 많아질지 누가 아나." 라며, 걱정하지 말라는 어조의 뒷말이 이어졌다. 이곳에 온 사람이면 모두 건너편 산 걱정을 하겠구나 여기며, 엉덩이를 털고 일어나 올라왔던 길을 되짚어 내려갔다.

산사의 어둠은 빨리 찾아든다. 저녁 여섯 시 지나 식당 앞에 도착했는데 사방이 어둑해져 전깃불이 밝혀졌다. 저녁밥을 먹기 위해 늘어선 대열에 얼른 끼어 섰다. 산에서 내려오는 줄이 이미 세 줄이나 늘어져 있다. 법당 아래쪽에서 올라오는 두 줄도 길게 꼬리를 물었다. 찾아오는 이들에게 날마다 밥해 먹이려면 예삿일이 아닐 것 같다. 이 엄청난 절 살림을 어떻게 꾸려가고 있을까 자못 궁금했다. 장독 규모만 보아도 살림살이를 대충 짐작할만하다. 양철로 된 고깔 모양의 뚜껑을 덮어씌운 장독들이, 이 절에 얼마나 많은 사람이 다녀가는가를 대변해 주고 있다.

내가 구인사에 첫발을 딛게 된 동기가 있다. 나를 인도한 사람이 신경쇠약으로 고생하던 중 구인사에서 기도한 후 완전히 나은 걸 지켜보았다. 사람은 누구나 벽에 부딪히면 어딘가에 의지하고 싶은 본능이 솟구치나 보다. 나 역시 그랬다. 한 가지 소원은 들어준다는 입소문이 난 구인사에 그들을 따라갔다. 불교의 기본 교리와는 상관없이 완전히 개인의 기복 신앙적인 의도에서였다. 그런데 세월이 흐른 뒤 뒤돌아보니, 일 년에 한 번 가서 내가 원했던 기도는 거의 이루어진 것 같다. 이는 우연한 일치일지도 모른다. 그러나 이런 우연이 나 하나가 아닌 여러 사람의 경험에서도 일치한다. 지역마다 제2의 구인사가 있고 신도 수가 늘어나는 것도 다 그만한 연유가 있지 않을까 싶다.

섰던 줄이 드디어 식당 안으로 들어섰다. 진한 된장국 냄새에 고팠던 배가 요동을 쳤다. 갑자기 구미가 당겨 밥 한 그릇으로는 안 되겠다 싶었다. 한데 부처님께서 점심 거른 내 뱃속을 알아차렸는지 덩치도 작은 나의 밥이 고상으로 담겨 나와 놀랐다.

다시 기도실로 돌아가 앉기도 전 "오늘 오신 신도님 중 큰 스님 친견하실 분은 삼보당으로 오십시오." 라는 구내방송을 듣고 삼보당으로 갔다. 한 시간가량 월도 스님의 법문이 있었다. 유머를 섞어가며 하시는 법문은 듣는 재미가 쏠쏠해 귀에 쏙쏙 들어왔다.

이 지구에는 수많은 종교가 있고, 그 모든 종교는 거의 모두가 신을 믿고 의지한다. 하지만 유일하게 우리 불교는 신을 믿지 않는 종교다. 즉, 우리 불자들은 부처님의 참 가르침을 바로 알고 배워 자기의 마음자리에 있는 자성열을 찾는 것이다. 잘 닦은 그 올바른 마음가짐에 행복이 있고, 그 깨끗한 마음자리에 극락이 있다. 힘들여 가꾼 농사가 내년의 양식이 되듯이, 좋은 일을 많이 해서 복을 지어 두면 이생도 편안하다. 이 육체가 몸 벗고 다시 환생할 때 지은 업대로 좋은 곳에 태어날 수 있다. 다시 말해 오늘 내 모습은 과거의 열매이고, 지금 나의 행行은 미래의 씨앗이다. 태어나기 어려운 사람 몸으로 태어났을 때 좋은 행을 많이 하라는 거다. 또 불법이란 나의 마음을 잘 닦아 비우는 공부라는 것이다. 뭇 생명의 안락과 행복을 위해 부처님이 이 세상에 잠시 왔다 가셨듯이, 불제자인 우리도 불교의 중심 사상인 자비로써 삶을 살아가라는 말씀이다.

밤 11시가 되자 드디어 기도가 시작되었다. 이때의 기도는 '관음정권'이 강조된다. 관세음보살이 모든 곳에 두루두루 나타나 중생의 고뇌를, 중생의 원을 낱낱이 들어준다고 해서 몸과 마음가짐을 바르게 하고 고요한 정신으로 관세음보살의 이름을 부른다. 세속에서 내 마음에 쌓은 과욕의 마음, 성내는 마음, 잘난 체하는 마음을 털어내는 연습을 하는 것이다. 물론 이것은 내 기도 방식이다. 법정 스님도 "명상하고 기도하는 것은 본래의 선했던 자기 마음을 어디에도 메이지 않고 바르게 쓰기 위한 하나의 수단이다." 라고 하시지 않았는가. 내가 아무리 기도를 많이 하고 복을 주십사 하고 빌어도 내 기도가 전부 이루어지리라 생각진 않는다. 내 소원을 빌기 전에 부처님의 법을 어기지 않으려 노력하며 바르게 사는 일이 곧 도 닦는 일이 아니겠는가 하신 스님의 말씀을 새기며 기도를 했으나 뭇 상념이 머리에 맴돌아 기도에 집중되지 않았다.

다음날 새벽 3시에 법당문이 열렸다. 둘째 아이의 대학입시 불공이 있는 날이다. 사람들이 법당을 채우기 전에 백팔 배를 시작했다. 수능시험이 몇 달 남았지만, 비수기인 여름을 지나면 구인사에 올 짬이 없기에 미리 불공을 드리는 것이다. 곧 사람들이 법당을 가득 메웠고 새벽 예불이 시작되었다. 어둠에 싸인 산사에 새벽 종소리가 멀리멀리 울려 퍼진다. 불교에서는 이 종소리가 허공을 헤매는 고독한 영혼과 모든 중생을 구제한다 하였다.

만물이 잠든 이른 새벽에 스님들의 맑고 우렁찬 불경 외는 소리는 세속에 찌든 마음속 찌꺼기를 말끔히 훑어 내리는 것 같다. 산을 흔들어 깨울 듯 쩌렁쩌렁한 종소리는 내 영혼도 어서 깨라고 재촉하는 것 같다. 이곳 부처님과의 무언의 약속이 아니더라도, 이 신비의 소리를 듣고 싶어서라도 다시 찾고 싶어진다. 예전에는 새벽 예불이 끝나면 스님들 뒤를 따라 신도들이 열을 지어 법당 바깥을 한 바퀴 돌면서 천수경을 염송하며 도량 석을 했다. 이번에는 그 의식이 생략되어 아쉬웠다.

한 시간 넘게 진행된 새벽 예불이 끝났다. 스님 몇 분은 법당을 나가고 세 분만 남아 새벽 불공 접수한 이름에 축원하며 줄을 지어 서게 하셨다. 나처럼 대학입시 불공이 세 건, 사업 개업 불공이 서너 건, 병석에 누운 이의 건강회복 기원이 네댓 건, 그 밖의 생일, 회갑 등 해서 오늘 새벽 불공이 열댓 건이 될 듯했다. 새벽 독 불공이 한 시간 반가량

걸려서 다 끝났을 땐 산속에 새파랗게 여명이 밝아왔다.

기도실로 내려오니 더 머물 사람들은 새벽 단잠에 빠져있다. 아침 일찍 출발하는 부산행 전세버스를 놓칠까 봐 구인사 경내를 되돌아보며 걸음을 재촉했다. 꿀맛 같던 보리밥과 된장국을 한 끼밖에 못 먹은 아쉬움을 남기고서.

서유럽 견문록

더위가 한창인 7월에 열흘간 서유럽 5개국을 다녀왔다. 독일, 스위스, 영국, 이탈리아, 프랑스다. 이탈리아 수도 내에 있는 인구 천명에 불과한 초미니 국가이자 교황국이 있는 바티칸도 들렀다. 그러고 보면 6개국인 셈이다. 안내자가 설명을 해주지 않았으면 로마의 성 베드로 성당 내의 큰 박물관쯤으로 알 뻔했다. 이렇게 작은 국가도 있다니, 여행하지 않았으면 몰랐을 일이다. 아는 만큼 보이기도 하겠지만, 본 만큼 알게 되는 면도 있다.

이보다 더 작은 초미니 국가가 6개국이 더 있다 하니 놀랍다. 바티칸은 면적이 0.44km²로 여의도 면적의 20분의 1이라고 한다. 바티칸시국으로 정식국가로 승인된 나라라고 하니, 듣는 이들 눈이 휘둥그레졌다. 미켈란젤로의 '천지창

조', '최후의 심판' 등과 레오나르도 다빈치의 '성 히에로니무스' 등, 이름만 들어봤던 대가들의 유명한 작품과 고대미술품 진품들이 수두룩했다.

이번에 유럽을 다녀온 후 고정관념이랄지 하는 게 깨졌다고나 할까. 단지 내가 알고 있었던 부자나라라는 선입견 같은 것을, 그런 걸 어디에다 기준을 두어야 할지 알 수 없어졌다. 또 우리가 본받아야 할 점이 얼마나 많은지, 왜 그들이 잘사는지를 보고 느끼고 깨우치고 왔다. 요즘엔 유럽여행을 가는 사람도 부쩍 늘었다. 그곳을 보는 각자의 시각도 다 다를 것이다. 나는 나만의 시각으로 본 유럽을 말하려고 한다.

첫 여행지 독일 프랑크푸르트에서의 일이다. 중급 호텔이라면 제법 근사할 줄 알았다. 기대에 부풀어 첫 짐을 풀었다. 외부에서 바라볼 때는 우리나라의 보통호텔 수준급이다. 그런데 욕실에 들어가 보고는 무척 놀랐다. 물 소비를 막기 위해 목욕탕 바닥에 배수시설이 아예 없다. 욕조에 들어가서 목욕탕 바닥에 물이 튈까 조심하며 비닐 커튼을 쳐야 했다. 왜소한 나도 불편한데 덩치 큰 이들의 불만은 당연했다. 비단 독일에서만 겪은 일이 아니다. 이탈리아 북부지방을 제외하면 예약된 호텔들이 다 그랬다. 공무원 퇴직부부와 교사부부 등 외국여행이 잦았던 이들은 새삼스러울 것 없다는 듯했다. 하지만 외국 나들이가 처음인 우리 일행은 우리나라의 일반 가정보다도 목욕시설이 못하다고들 투덜댔다.

이탈리아 로마에서의 일이다. 볼거리가 많은 곳이라 2박 3일을 머물렀다. 로마의 상징이기도 한 콜로세움에 들렀을 때다. 최대 지름이 188m나 되고 둘레가 527m나 되는 거대한 타원형 경기장이다. 축구장 두 배 정도의 크기였는데 네로 통치 때 기독교도들을 박해한 장소였다. 그곳을 한 바퀴 둘러보고는 모두 지쳤다. 땀 식힐 곳을 찾아 냉방이 되어 있을 관광차 안으로 급히 뛰어들어갔다. 그런데 차 안은 바깥보다 더운 완전 찜질방이었다. 한국 7월보다 더운 날씨에 냉방이 고장 났나 하고 팔이 아프도록 부채질을 했다. 그런데 시간 맞춰 나타난 기사 아저씨 설명에 더 기가 막힌다. 주차해 둔 차에 에어컨을 켜 두면 벌금을 부과한다는 것이다. 외국인 관광차라고 예외가 없었다.

로마에서 영화 '로마의 휴일'을 달리는 관광차 안 텔레비전에서 보고 주인공인 앤 공주의 코스를 따라가 보기로 했다. 스페인 광장에 있는 137개의 계단 아래에서 영화장면처럼 그녀가 먹던 아이스크림을 먹으며 사진을 찍었다. 아이스크림을 입에 물고 산타마리아 성당으로 갔다. 성당 입구 한쪽 벽면에는 얼굴 모양의 원형 석판이 있었다. 그곳이 바로 '로마의 휴일'에서 남자주인공인 신문기자 조(그레고리 펙)가 손을 쑥 넣었다가 잘렸다는 표정을 지어 앤 공주(오드리 헵번)가 깜짝 놀라는 장면이 나온 곳이다. 긴 줄을 서 가면서 영화장면을 흉내 내며 어설픈 모양새로 사진을 찍을 때만 해도 좋았다. 다시 관광버스에 올랐을 땐 불가마가 따로 없다. 거기다 우리를 태우고 다니던 소형관광차가 노후되어 더 그런 모양이다. 차도 더위를 먹었는지 자리에서 더 움직일 의사가 없어 보인다.

안내자의 주선으로 다른 한국 여행객의 관광차를 얻어 탈 수 있었다. 규모가 배 정도인 그 차도 찜질방 수준인 건 마찬가지다. 시원하다 못해 춥기까지 한 우리나라의 냉방이 그리워진다. 여기저기서 불만의 소리가 터지자 안내자가 말한다. 그래도 우리 관광차는 움직이면 에어컨이 나오지만, 저 길거리의 차 중에 에어컨이 없는 차가 아마 절반은 될 것이라고. 믿기지 않는 그 얘기에 '하아' 하는 절규까지 터져 나온다. 그뿐이 아니다. 스위스나 프랑스 호텔에서 저녁밥 먹은 후에 마음 맞는 이들끼리 나가 즐겨볼 만한 노래방 같은 유흥업소도 눈에 띄지 않았다.

한데 우리는 어떤가. 다섯 집 건너 노래방이요, 러브호텔이며 먹자판이다. 쌀쌀한 날씨임에도 백화점이나 극장, 은행을 가거나 지하철을 타면 사람들이 추워서 오들오들 움츠린다. 심지어 절약의 모범을 보여야 할 관공서마저 그렇다. 적정 온도가 26도 정도라고 알고 있는데, 23~ 24도까지 켜놓고 냉방병 걱정하며 긴 옷을 입는다. 에너지원 빈국인 이 나라가 절약은 고사하고 에너지를 흥청망청 낭비하고 있다.

하긴 남 말할 때가 아닌지도 모르겠다. 우리 시장 2층에도 몇 번의 회의 끝에 드디어 냉난방 시설을 넣었으니 말이다. 명색이 도매시장에 냉난방도 없이 어떻게 사느냐고 손님들로부터 핀잔도 많이 들었다. 공동생활의 어려움을 이해하지 못하는 손님들로부터 자존심이 상하는 얘기도 예사로 들어왔다. 그럴 때마다 실온에서 사는 게 건강상 최고라며 마음에도 없는 변명을 늘어놓았다. 그러나 새로 개업하는 젊은 상인들이나 종업원들이 더 못 견뎌 했다. 그보다는 손님들이 너무 춥고 너무 더워서 못 오겠다는데 할 수 없지 않은가.

그래도 쉰을 넘은 우리 세대는 환경에 길이 들어 웬만한 추위와 더위쯤은 잘 참는다. 웬만해서는 에어컨도 자제하며, 춥다는 소리가 사방에서 들려와야 겨우 난방을 켠다. 그런 에너지 절약을 전국적으로 실천한다면 에너지 고갈을 더 늦출 수 있으라만. 나라 살림도 우리 가정 살림과 무엇이 다르겠는가.

외국에서도 한국인 관광객과 자주 맞닥뜨렸다. 관광지마다 외국인지 한국인지 간혹 착각이 들 정도로 한국어가 날아다녔다. 가까운 중국에서는 여행객의 80퍼센트가 한국인이란 말이 실감이 났다. 우리가 그만큼 잘 사는 나라였던가 싶다. 나랏빚이 더 늘었다고 들었던 것 같아 마음이 무거웠다.

그러는 당신은 왜 외화 낭비하러 돌아다니는가 물으면 할 말이 없다. 그러나 우리 장사꾼들은 주 5일제도 없이, 휴일에도 쉬지 못하고 몇십 년간 일해 왔다는 게 핑계라면 핑계다. 유럽은커녕 가깝다는 중국도 못 가본 이들이 대부분이다. 그렇게 살아온 우리부부도 결혼 30주년, 개업 30주년 기념이란 타이틀을 달고 훌훌 떠난 참이다. 나는 땡전 한

푼 없이 시작한 결혼이라 신혼여행도 가지 못했다. 일에 파묻혀 살다가 부부 중 누구 한사람 먼저 딴 세상으로 떠나기라도 하면, 두고두고 마음 아파할 거라고 큰 맘 먹고 떠난 여행이다.

수박 겉핥기식의 짧은 여행이었지만, 다른 나라를 둘러보니 우리나라가 가장 살기 좋고 살고 싶은 나라라는 것을 깨닫는다. 비싼 여행 값은 한 게다. 불경기가 계속되고 있다. 그동안의 사치와 낭비의 거품이 빠지는 현상이려니 여긴다. 이럴 땐 느긋하게 기다려 볼 줄도 알아야겠다.

일본을 보다

나리타공항에 내린 순간 어리둥절했다. 우리나라 공항보다 나은 게 없어 보여서다. 오히려 우리나라보다 못한 것 같은 공항을 보며, 잘 사는 나라라는 선입견에서 벗어나 편히 여행할 수 있겠다는 생각이 들었다.

남편은 비행기에서 내리자마자 오만상을 찌푸리며 화장실로 달아나버렸다. 집 밖에만 나서면 예민해지는 장 때문이다. 남편만 믿고 걱정 없이 따라나선 여행길에, 나만 달랑 내버려두고 가서는 오지를 않아 여행 첫걸음부터 언짢았다. 공항 밖에 마중 나와 있을 딸 생각에, 한자어로 '외국인 입국 심사'라고 쓰인 심사대를 찾아 줄을 섰다. 이미 줄이 길게 늘어서 있다.

내 뒤쪽으로 선 줄이 앞에 선 줄 만큼 길어졌을 때에야 남편은 계면쩍은 얼굴로 나타났다. 짐을 찾아 밖으로 나가니 조카와 작은딸이 기다리고 있다. 작은딸은 도쿄에 있는 한국인 회사에 파견직 엔지니어로 취직했다. 컴퓨터 프로그래머로 일하고 있는 딸이, 자신이 도쿄에 있을 동안 한 번 다녀가라고 누차 얘기했다. 꼭 그 말이 아니더라도, 딸 혼자 보내놓고 신경이 쓰이던 차라 맘먹고 나선 여행길이다.

딸의 안내로 불꽃대회가 열린다는 요코하마 방향으로 가는 전철을 탔다. 식구도 많고 짐도 많아 택시를 타도 본전은 뽑을 것 같았다. 한데 일본은 택시 요금이 장난이 아니라서 무조건 전철만 타야 한다는 딸의 말에 입을 다물었다. 중간역에서 내려 보관소에 짐들을 부려놓았다. 전철을 갈아타며, 딸 주려고 밤새 담아온 생김치가 보관함에서 너무 익지나 않을까 하고 신경이 쓰였다. 하지만 빽빽이 짜 둔 여행일정에 차질이 생길까 봐 내색도 못 하고 딸의 말을 고분고분 듣기로 했다.

목적지인 불꽃대회가 열리는 가치도 역에 내리니 비가 오락가락했다. 레인보우 브리지에 인접한 해변공원과 하루미 운동장 일대가 이미 인파로 북적댔다. 유카타를 입은 사람들이 떼 지어, 더러 이슬비까지 맞으며 공연장 쪽으로 몰려들 가고 있다. 일본은 매년 8월 13일에서 16일까지를 축제일로 정해 곳곳에서 불꽃축제를 하는 등 명절 분위기라고 한다. 이때 남편이 한마디 했다. 2차 대전 패망의 날이라 국민의 씁쓰레한 감정을 다른 곳으로 돌리게 하려는 일본 정부의 선심이 아닌가 하고. 젠장, 국내외로 수많은 희생자를 내놓고 항복한 날을 무슨 큰 기념할 경축일이라고. 하긴 일본은 8·15를 패전일이라 하지 않고 자기들 입맛대로 전쟁을 종전한 기념일로 정하고는 전몰자를 추모하고 평화를 기원한다나.

나는 불꽃구경이 처음이라 그리 기대하지 않았다. 그런데 행사가 진행되자 구경하는 내내 입에서 감탄사가 녹음된 테이프가 돌아가듯 터져 나왔다. 가히 장관이었다. 두 시간 동안 13,000발을 쏘아 올린다는 불꽃의 황홀함을 내 필력으로는 도무지 표현할 수 없다. 여러 단체가 나와서 겨루는 불꽃대회 형식 같았다. 질서정연한 중에도 환호성이 끊이지 않았다. 처음에는 불꽃이 무대장치인 양 커튼을 활짝 열어젖히는 형상이었다. 곧 일본의 상징인 벚꽃이 만개한 모양과 온천수가 부글부글 끓어오르는 모습, 각종 별자리, 갖가지 꽃 모양, 온갖 곤충 모양, 동물 모양, 사랑의 하트에 이르기까지…, 이루 다 나열할 수 없는 뭇 형상으로 연출해 보는 이를 무아지경으로 몰고 갔다. 높이 솟구쳐 오른 불꽃은 마치 머리 위로 덮칠 듯 쏟아졌다. 불꽃의 규모를 보며 무대 쪽으로 더 가까이 앉지 않은 것을 다행으로 여겼다.

공연이 끝나자 자리를 채웠던 시민이 소란 없이 말끔히 자리를 치우고 돌아선다. 불꽃놀이의 장관만큼 질서의식도 선진국답구나 싶다. 잔치가 끝난 자리엔 사소한 시빗거리라도 있을법하다. 그러나 싱겁게 줄지어 돌아가는 기계화된 느낌의 그들을 보면서 좀 인간적이지 않다는 엉뚱한 생각이 들었다. 큰 행사가 끝난 자리의 뒷모습이 바로 선진국민의 의식이 아닐까 싶었다.

공연장에서 지하철역까지 사람들 행렬이 이어진다. 경찰이 한꺼번에 많은 사람이 타지 못하도록 한계선을 긋고 있다. 궂은 날씨에도 많은 이들이 유카타를 입고 게다짝을 끌고 있다. 명절도 아닌데 뜻밖에 젊은이들이 쌍쌍이 그들의 전통의상을 많이 입었다. 고개를 갸웃거리는 내게 "요즘 일본인들이 전통복을 즐겨 입는 것은 한때 유행 비슷한, 우리도 한때 계량 한복을 선호해 유행했던 현상과 같은 것임"을 딸이 상기시켜 주었다.

다음날엔 도쿄에서 가장 오래된 사찰이라는 아사쿠사의 센소지를 찾아갔다. 628년에 창건되었다는 절이다. 커다란 등불이 대낮에도 환하게 켜져 입구에 턱 걸린 게 인상적이다. 옛 도쿄 에도인의 정서가 짙게 드리워진, 시인과 장인들이 많이 모여 사는 곳이라고. 우리나라의 사찰과는 분위기가 영 다르다. 오늘 주목적은 온천에 가는 것이다. 시설이 좋다는 오다바이에 위치한 오오에도 대강온천으로 갔다. 지하에서 솟아오르는 온천물을 데우지 않고 자연 그대로 사용한다는데 물이 미지근하다. 목욕은 뭐니 해도 뜨거운 물에 푹 담가야 시원하다는 소리가 삐져나온다. 우리 동네에 있는 태종대온천보다 못하다.

온천욕을 마치고 나오니 유리카모메라는 전동차가 보인다. 레인보우브리지 일대를 달리는 기관사가 없는 무인전동차라고 한다. 가족이 운 좋게 맨 앞줄에 자리를 잡아 시야가 탁 트여 공원구경을 잘했다. 전동차에서 내려 잘 가꾸어진 소공원을 한 바퀴 돌았는데, 뜻밖의 장소에서 자유의 여신상을 만났다. 얼굴은 서양 여인인데 신장은 일본 여인처럼 아담하다. 미국 자유의 여신상이 이곳에 선 이유가 궁금해 아랫단 설명을 읽어보았다. 미국독립 100주년을 기념해 프랑스가 뉴욕 여신상을 축소한 모조품을 만들어 미국에 선물했다. 이에 대한 보답으로 미국은 프랑스혁명 100주년에 맞춰 이 크기와 똑같은 미니 자유의 여신상을 파리시에 기증했다. 일본은 이 기증본을 프랑스에서 빌려다가 잠시 전시했는데, 인기가 많아 반환할 때쯤 복제품을 만들어 같은 장소에 세우게 됐다는 내용이다.

우리도 전철 타기 대란에 들어갔다. 우리나라에서는 하나로 교통카드 하나면 다 해결되는데, 도쿄 시내의 전철(JK시떼쯔)과 지하철(찌까데쯔)은 완전 별개다. 탈 때마다 승차권을 새로 사야 하는 불편을 겪었다. 특급과 보통으로도 구분되어 있다. 통과하는 정거장 수에 따라 요금이 올라가는 모양이다. 택시요금은 더 엄청나 사람들이 거의 탈 생각을 안 한다고 한다. 한국 유학생이 공항에서 짐이 많아 도쿄 변두리까지 택시를 탔다가 요금이 30만 원 남짓 나왔다는 얘기가 거짓말은 아닌 것 같다.

전날 종일 구경했으니 오늘은 좀 쉬고 동네 구경이나 하겠다고 딸에게 일렀다. 회사 일이 바빠 보이는 딸을 일찍 출근하라고 종용했다. 오전엔 볕이 좋아 빨래를 내다 널고 청소도 대충하고 딸이 사는 집에서 나왔다. 아직 동네 구경을 못 했기에 걸어서 30분 쯤 걸린다는 역전까지 운동 겸 구경삼아 걷기로 했다. 도쿄 변두리의 전원주택지 같았다. 규모가 작은 집들이지만 동네가 깨끗하고 반듯한 개인 주택 단지였다. 대부분 집의 대문이 아주 낮아 대문 안도 훤히 보였다. 울타리 안팎으로 경쟁이라도 하듯 꽃을 저마다 예쁘게 가꾸어 놓은 게 볼만했다. 전철이나 유원지 등에서 남을 의식하지 않은 수수한 옷차림이었던 것과는 대조를 이룬다.

드디어 역전으로 이어지는 큰 도로가 나왔다. 남편의 신경성 생리작용도 하필 그때 나타났다. 마침 큰 도로변 건너편을 바라보니 공원이다. 우리는 급한 대로 그곳으로 뛰어갔다. 가서 보니 정성 들여 숲을 가꾼 넓은 공원묘지다. 공중화장실을 찾을 여유가 없는지 남편은 숲으로 볼일을 보러 뛰어갔다. 덕분에 일본의 장례문화를 잠깐 훔쳐보았다. 부유층의 공원묘지인 듯하다. 한 가족 단위로 보이는 묘비들만 깔끔하고 널찍하게 조성되어 있다. 살아 있는 사람들의 생존 공간보다 사후의 쉼터가 더 넓고 좋아 보인다. 대충 짐작으로도 몇만 평은 돼 보인다. 이런 공원묘지가 수도 도쿄의 큰 도롯가에 입구를 둔 것도, 가정집 담벼락 옆에 묘를 모시고 꽃을 가꾸어 바라보는 애틋한 마음을 느꼈던 것도, 패키지로 온 여행이었으면 볼 수 없는 진짜 여행의 맛이다.

여행만 떠나면 도지는 남편의 신경성 생리현상 덕분에 이웃 나라 공원묘지까지 공짜로 관람했다. 돌아오는 길에도 곳곳이 나무요, 소공원이다. 썩 높은 건물은 없이 그만그만한 작고 예쁜 집들이 넓게 주택가를 형성하고 있다.

다음날에도 딸을 뺀 우리 세 명은 도쿄의 부도심에 속한다는 신주쿠로 갔다. 역에 내려 두어 번 길을 물었더니 몇 발짝 따라오며 친절히 길을 가르쳐 준다. 역에서 십 분 정도 걸어가니 신주쿠교엔(공원)이 나온다. 대충 둘러보기만 해도 두 시간이 걸렸다. 넓은 공원은 온갖 식물과 나무의 자연 전시장이다. 수백 년이 넘었다는 고목은 분재로 가꾼 듯 멋스럽고 대규모의 수련으로 덮인 늪도 공원 안에 있다. 전주 덕진공원의 홍련이나, 전남 무안의 수 만평이나 된다는 키 큰 일반 백련 밭은 구경했는데, 부여의 궁남지에 있다는 대규모의 수련은 아직 못 봐서인가. 수련을 실컷 본 것만으로도 일본여행의 본전을 뽑은 기분이다. 세계 식물학자가 아니라도 한번은 찾아볼 만한 곳이며, 실제로 곳곳에서 수련을 관찰하며 사진기에 담는 사람들이 많다. 화가들은 살아 있는 자연을 화폭에 담는 스케치 작업으로 분주하다. 짐이 많아 카메라를 챙겨 넣지 않은 게 후회될 뿐이다.

늦은 점심으로 일본의 대표 음식인 스시를 먹었다. 배를 좀 채우고서야 주위를 둘러보았다. 모두가 소식가인가, 우리 셋 앞의 접시가 그들의 몇 곱으로 많아 민망할 지경이었다. 일본인들은 저렇게 적게 먹으니 모두 작고 깡말랐다며, 나도 조카도 덩치 작은 것은 잠시 잊은 채 우리말로 놀려먹었다. 그런데 주방장은 우리말을 알아듣는 듯 기분 좋은 웃음을 흘렸다. 본인이 한 요리가 맛있나 보다고 여기는지 거듭 우리 주문을 받으러 오갔다.

늦게 퇴근한 딸과 신주쿠역에서 만나 도쿄 도청 전망대로 갔다. 지상에서 202m 높이라는 전망대에 서니 도쿄의 풍광이 한눈에 내려다보인다. 63시티에서 감탄하며 내려다본 서울의 야경은 여기에 비하면 아무것도 아니었다. 사방을 둘러보아도 끝이 보이지 않는 도쿄의 야경에 은근히 기가 죽는다. 2차 대전 후 쑥대밭이 되었다던 일본이, 아니 도쿄가 한국전쟁의 특수를 배경 삼아 발전해 23개 구의 특별 구를 지닌 거대한 도쿄로 거듭났다니, 감탄과 비통의 한숨이 함께 나왔다. 그들에게 발목 잡혀 보낸 36년이 억울하고, 역사를 거슬러 올라가 보면 수많은 침략에 허비한 시간이 안타깝다. 목숨 바쳐 이 나라를 지켜낸 이들의 후손이 이 자리에 서면 감회가 어떠할까.

며칠간 돌아보고 온, 선진국이라는 인식을 했던 나라의 실제 주인들은 우리보다 훨씬 소박하고 검소했다. 며칠을 돌아다녀도 넓은 아파트는 눈에 띄지 않았다. 면적도 그들보다 좁은 나라에서, 평균치의 그들보다 넓은 공간을 소유하고 사는 것 같아 부끄러운 마음 가득 안고 돌아왔다. 또 타인에게 피해 주지 않으려는 몸에 밴 배려와 지나칠 정도의 친절, 개개인의 극히 검소한 정신은 본받아도 좋겠다는 결론을 내렸다.

돌아올 때 다시 눈여겨본 나리타공항은, 배울 게 많은 스승의 집 대문을 뒤로하는 딱 그런 기분이었다.

태국 엿보기

방송대 동기생 7명이 태국여행길에 올랐다. 제일 연장자인 왕언니의 남편이 보디가드 겸 동행했으니 8명이다. 3박 5일이란 시간이 주부나 직장인에게는 결코 짧은 시간은 아니어서 모이면 입방아만 찧었다. 결국, 스터디 회원 몇 명은 빠진 채 해외 나들이에 나섰다.

모두가 방콕은 초행길이다. 외국에 처음 나갔던 유럽여행 때의 설렘이 고스란히 살아난다. 비행기로 다섯 시간 남짓 걸려 태국 수도 방콕에 닿았다. 시차가 우리 시각보다 2시간이 늦었는데, 자정이 넘은 시각이라 상점이 모두 문을 닫아 거리는 한산하고 조용했다. 패키지여행이라 곳곳에서 온, 꼬박 3일을 함께할 우리 소형 관광차 인원은 28명이다. 절반가량이 대학생과 고등학생이고 부부가 두 쌍이다. 경력 13년 차의 베테랑인 한국인 안내자는 40대 중반으로 자칭 미터 김이라 부르라고 한다. 그에게서 태국에서의 세세한 일정을 설명 들으며 첫 숙소 방콕 차다호텔로 들어섰다.

첫날밤을 보낸 방콕에서의 첫 관광은 비만맥궁전이다. 여자들은 모두 치마를 입어야 하고 남자들도 반바지 차림은 출입이 금지된다. 입구에서 화려한 무늬의 천으로 된 숄 같은 것을 4달러를 주고 모두들 사서 둘렀다. 숄 겸용으로 사용할 수 있어 나중에 해수욕장에서도 요긴하게 쓰였다. 플라스틱 신발 따위도 현지에서 사게 만드는 얄팍한 상술이 눈에 들어온다. 비만맥궁전은 세계 최대의 티크 목조건물로 '구름 위의 집'이란 뜻이다. 총 3층 건물로 81개의 방과 큰 홀, 테라스 등으로 만들어졌다. 내부는 이탈리아식 대리석으로 고풍스럽게 꾸며졌다. 곳곳에 국왕 가족의 사진이 걸렸다. 역사관에는 외국 안내자 출입이 금지되어 현지 안내자를 따라 여기저기 바쁘게 몰려다녔다.

태국의 역사는 우리와도 닮은 점이 더러 있다. 첫 왕조가 탄생한 시기도 조선왕조 이성계(1392년) 시기와 비슷하다. 지렁이 글자(시암문자)를 지은 왕도 세 번째 왕(우리는 4대 세종)이다. 다른 점이라면 동양에서는 유일하게 식민지 역사가 없었다는 점이다. 그래서인지 그들의 자존심은 대단하다. 우리나라 전쟁 때 도우러 와서 함께 피를 흘렸기에 형제의 나라라고 부른다.

빈부차가 워낙 커서 그렇지 우리나라보다 못할 것도 없다고 한다. 남한보다 다섯 배나 넓은 면적에 77개 구를 가진 나라, 태풍이 없고 사철 꽃이 피는 나라, 천연고무와 천연가스며 늘린 게 자원인 나라다. 축복받은 땅임이 틀림없다. 기후가 12, 1, 2월은 선선한 계절이고 4, 5월은 42도까지 오르는 무더위며 요즘(오늘 33도)이 여름의 막바지란다. 이런 기후 덕분에 4모작도 가능하나 그렇게 하면 쌀이 헐값이 되므로 2모작만 허용한다. 그럼에도 쌀 수출국 세계 1위이고, 사탕수수 수출은 세계 3위라고 한다. 방콕에서 파타야로 이동 중에 본 들녘은 우리 벼농사와 전혀 색다른 풍경이다. 논에다 물을 받아 놓고 그냥 볍씨만 뿌리면 되는 직파제다. 병충해를 막기 위한 농약을 치기나 잡풀 매기 등의 고생 없이, 때가 되면 그냥 거두어들이기만 하면 된다. 밥알이 찰기라고는 없이 따로 노는 안남미다. 나도 시골에서 자랐기에 농사에 관한 안목은 조금 있지만, 차창 밖 이상스런 벼 모양에 긴가민가하며 여행 짝지에게 자세히 좀 보라고 거듭 손짓을 했다. 우리도 조선 중엽까지는 직파제로 농사를 지었다. 식량 증진을 목적으로 이앙제로 시행한 것으로 알고 있다.

태국은 대학 졸업자의 직장 초봉이 대략 48만 원이다. 도시근로자 평균임금이 24만 원 선이다. 남자 대부분이 뚜렷한 직업이 없이 셔터맨이나 오토바이 일을 업으로 삼고 있다. 해서 남자들이 번 돈은 남자 돈이고, 여자들이 번 돈이 우리 돈 즉 우리 집의 수입이란 뜻이다. 태국은 모계중심사회라 여자들이 돈을 벌어 가정을 꾸려간다. 장녀가 모계를 잇는 것도 오랜 전쟁 역사에서 기인한 문화인 것 같다. 신기한 것은 태국은 가정에서 밥을 해 먹는 문화가 없다는 것이다. 부자는 좋은 식당에서, 어려운 사람들은 노점에서 적당히 끼니를 때운단다. 어찌 그렇게 살 수 있는지, 우리로서는 엄두도 못 낼 현상에 고개가 갸우뚱해진다. 이 나라의 오랜 환경에서 기인한 문화이거니 생각한다.

불교와 밀접한 인연설과 윤회설이 머리에 세뇌된 그들은, 가난해도 큰 불평 없이 오직 '오늘 행복, 내일 몰라' 라고 한다고. 자녀, 손자 대까지 걱정하며 재산을 모으려고 혈안이 된 우리와는 사고방식이 완전히 다르다. 어쩌면 그들의 단순해 보이는 삶이 진정 행복한 삶인지도 모르겠다. 부자는 전생에 좋은 일을 많이 했기에 잘 살고, 이생에서도 많이 베풀어야 다음 생에 좋은 곳에 태어날 수 있다는 굳은 신앙이 있다. 가난한 이들은 그들대로 또 올바르게 잘 살아야 다음 생이 행복하리라는 믿음이 있다니 그들 신조가 부럽다. 나도 불교 신자지만 그토록 확실한 믿음까진 없다. 내 수양과 법문 공부가 부족해서일 거다.

파타야 수상시장을 구경하러 갔다. 3,000여 평의 규모에 태국의 전통 재래시장을 그대로 재현해 놓은 관광지다. 80여 대나 보유한 수상 보트를 탈 수도 있는데, 물빛이 큰 물난리 뒤의 황토색이다. 맑지 않고 아주 탁했다. 비가 잦은 탓일 거라 여긴다.

태국은 안마 종주국이다. 안마는 강요사항이 아니라서 학생들과 일부는 쏙 빠지고 우리 팀은 전원 참석해서 몸이 호강하기로 했다. 2시간 코스에 미화 40달러다. 피곤할 때 가끔 받아보는 목욕탕 안마와는 질이 다르다. 정확히 혈을 알고 누르는 전문 안마사들이다.

안마한 가뿐한 몸으로 다시 관광에 나섰다. 신 나는 볼거리가 이어졌다. 여자보다 더 예쁜 남자 게이들이 펼치는 일명 '오빠야 쇼'다. 남자들이 공연하는 알카자 쇼 관람이다. 여성호르몬을 자주 주입한다지만 남자라고 믿기지 않는 늘씬늘씬한 미녀들이 벌이는 공연은 여행 기분을 한층 고조시킨다. 가수 싸이의 모습을 한 남자의 '강남 스타일'에, 부채춤 공연에다 아리랑도 이어진다. 한국 관광객이 년 중 백만 명이 넘는다고 하니, 공연 내용도 한국인에 맞추는 것 같다.

역시 국력은 힘이다.

여행 기분을 만끽하고 밤늦게 파타야의 아시아호텔에 도착했다. 짐 풀기가 바쁘게 이웃 방으로 몰려가 동기생이 준비해 온 상황버섯 팩을 얼굴에다 새까맣게 발랐다. 조잘조잘 떠들고 웃고 먹고, 남편들 흉도 보며 신바람 났다. 다른 일행이 방문을 열어보기라도 했더라면 잘못 들어왔나 하고 기절초풍했을 광경이다.

새벽녘 침대에서 통유리로 보는 밖의 풍광에 감탄사가 절로 터진다. 말로만 듣던 무릉도원이다. 창밖 바로 아래에 쪽빛 바다가 그림처럼 펼쳐져 있다. 바다를 창밖에 두고 산 지 20년이 넘었지만, 생전 처음 보는 빛깔과 표정의 바다다. 인간의 발길이 닿지 않은 듯 맑고 잔잔한 바다, 극락이 있다면 이런 곳이 아닐까 하는 바다가 바로 창밖에 있었다. 이런 곳에 살고 싶다는 생각을 아침 산책하는 길 내내 했다.

해양스포츠의 천국이라는 산호섬으로 이동했다. 호텔에서 버스로 30여 분 이동 후, 다시 보트를 타고 20여 분이 걸렸다. 정말 해양 천국이 맞았다. 에메랄드 빛 바다와 천혜의 모래 해변이 펼쳐져 있으며 씨워킹, 바나나보트, 제트스키, 패러세일링(낙하산) 등 다양한 해양스포츠를 즐길 수 있게 되어있다. 해운대나 광안리 바다에 이런 시설이 있었더라면 어땠을까 하는 생각이 들었다.

우리 팀 중 젊은 축에 드는 세 명이 바다 위 상공을 낙하산을 타고 날았다. 부러움에 타고 싶은 충동이 일었지만 자신이 없어 나서지 못했다. 그러나 어쩌랴. 용기와 뜨거운 혈기가 팔팔한 젊음을 이길 순 없는 법. 대신 바닷물에서 어린아이처럼 신이 나게 수영을 했다. 젊은 학생들도 신바람이 났다. 이곳 산호섬에도 한국인이 널렸다. 오죽하면 강원도 찰옥수수를 여기저기서 사라고 외칠까. 옥수수를 사서 먹어 보니 진짜 우리 옥수수 맛과 다르지 않다.

태국은 자국 생산품이나 수공예품은 저렴한 것 같다. 비치파라솔 밑에 앉아 쉬면서 야자나무 줄기로 엮은 멋진 그네 두 개를 손자 손녀들 생각하며 샀다. 무릎 위까지 오는 물길을 걸어가서 보트를 타는 힘겨움만 없다면, 몇 개라도 가져와서 선물하고 싶은 수공예품이 많다. 옆 사람들에게 민폐를 끼칠까 봐 손에 들 수 있을 만큼만 욕심을 냈다.

다시 숙소로 돌아오니 넓은 바다 위로 석양이 막 지고 있다. 황홀한 일몰이다. 일몰을 선물하기 위해서 야외 식단을 마련했나 보다. 해가 지고 난 후의 노을은 형용할 수 없는 온갖 색채가 혼합된, 신비에 가까운 색채라고 밖에 표현할 방법이 없다. 일몰의 노을 위로 목화솜보다 하얀 뭉게구름이 서로 어우러져 멋진 풍광을 만들었다. 비록 연령차는 있으나 정서가 비슷한 국문과 동기들과 둘러앉은 원탁에서, 일몰이 펼치는 아름답고 신비스런 노을을 바라보며 품격 있는 식사를 하니 꿈만 같다. 바다게, 새우, 소고기 요리가 나온 저녁 식사에 만족감과 행복감이 그득 채워진다. 집으로 돌아가면 방콕을 홍보하는 홍보우먼이 될 것 같다.

특히, 파타야 번화가의 야간 시티투어는 여행의 별미였다. 길거리 의자에 앉아 음료수와 맥주를 마시며 무에타이, 코브라 공연을 관람하고 야시장도 둘러보았다. 워킹 스트리트도 걸었으며, 숙소로 돌아올 때는 트럭을 개조한 파타야 택시 썽태우도 타 보았다.

마지막 날엔 포도농장부터 들렀다. 한데 포도는 하나도 없고 포도나무만 무성하니 호수와 벗하고 섰다. 그 상황에 안내자가 미안해할까 봐 포도회관에 들어가 포도 사탕 몇 봉지를 챙겼다. 미터 김도 기사에게도 포도 대신 맛보라고 처음으로 말을 걸었다.

다음으로 들른 곳은 황금 절벽사원이다. 돌 절벽을 섬세하게 깎아 부처상으로 골을 파서 5톤의 금을 들이부어 새겼다. 황금 부처상이 높은 절벽에서 우리를 내려다보고 계신다. 나다니엘 호오돈의 <큰 바위 얼굴>이 연상된다. 큰 바위 얼굴을 닮은 훌륭한 사람이 그 골짜기에서 태어날 것이라는 전설이 있다고 한다. 해서 매일 바위의 얼굴을 보고 절을 하는 사람들 틈에 착한 주인공인 어네스트도 들어있다. 바위 얼굴은 자연석이지만 황금 부처상은 인위적이다. 국왕즉위 50주년에 맞춰 국왕의 장수와 태국의 안녕과 번영을 위해 만들었다고 한다. 여행객을 불러들이려는 속셈도 한몫했으리. 깊이 고개 숙여 삼배를 올렸다. 그들은 미래를 지배할 위대한 사람을 기다리며 고개를 숙였고, 나는 이미 2557년 전에 생로병사에 허덕이는 중생을 위해 왔다 가신 부처님 상에 머리를 조아렸다.

이어 백만 년 된 화석 바위와 악어 늪, 악어 쇼 관람에 파인애플농장 관람까지 하는 빠듯한 일정이다. 점심은 태국 대표 음식 중 하나인 똠얌꿍을 먹었다. 세계 3대 수프라는데 나는 '영 아니올시다.'이다.

여행객의 마지막 날 시간은 역시 쇼핑으로 채워진다. 썩 맘에 드는 게 없어 외면했는데, 보석무역센터에 들어갔을 때는 눈이 휘둥그레졌다. 대규모인 데다 예쁜 보석이 너무 많아서다. 국가 황실에서 정찰제로 운영한다니 믿음도 갔다. 준보석인 블루 토파즈세트에 나와 내 여행 짝지는 완전히 꽂혔다. 에라, 모르겠다. 끼고 보자. 내 생전 유색 보석은 처음이다. 원산지라 가격도 우리나라 절반 값도 안 된다고 했겠다. 이런 경우를 두고 횡재라고 하나보다.

이번 여행은 이래저래 즐겁다. 이것저것 다 따지지 않고 동기생들을 따라나서길 정말 잘했다. 덕분에 잘 몰랐던 태국도 조금이나마 엿볼 수 있었다.

태산과 공자를 만나고

부부 동반으로 중국 청도, 태산, 곡부 여행길에 올랐다. 옛날 고향 동네 앞 대붓돌 농수로에서 발가벗고 멱을 감던 남편 친구들 부부다. 회사 대표인 남편 친구 박 회장이 청도에 있는 자기네 회사로 고향 친구들을 초대한 덕분이다.

비행기는 이륙한 지 두 시간 만에 우리를 청도 공항에 내려준다. 바쁜 중에도 남편 친구가 공항까지 우리를 마중 나왔다. 공항에서 약 30여 분 차로 달리니 청도 시내를 살짝 벗어난 곳에 'OGK'라는 공장이 번듯하게 자리 잡고 있다. 외국 기업들이 모여 공장단지를 이룬 자유수출무역단지였다. '회장님 고향 친구들의 방문을 환영합니다.'라는 큰 글자가 인쇄된 플래카드가 몇 곳에 나붙었다. 회사 정문에는 같은 내용의 글귀가 전광판 불빛으로 뻔쩍이고 돌아가며 우리를 반겨준다.

회사에서 준비한 도시락 점심을 맛있게 먹자마자 회사 간부인 한국인이 나와 간략한 회사소개가 이어진다. 곧이어 강당에 마련한 무대 위에 직원인 듯싶은 남녀 모델들이 나와서 자회사 제품들을 쓰고, 끼고, 입은 멋진 스타일로 생산품을 광고하는 깜짝 행사를 벌인다. 이런 행사가 잦은 듯 유명 패션쇼 못지않다. 젊은 남녀가 오토바이를 탄 채 선글라스와 헬멧을 쓰고 나오는 멋진 모습에 박수가 쏟아진다.

이 회사는 수경, 선글라스, 오토바이 헬멧, 3D 안경 등을 생산해 세계로 수출하는 꽤 알려진 회사다. 얼마 전 KBS 텔레비전 기업 열전 프로그램에 기업 성공사례로 소개되었던 회사이기도 하다. 또 미국신문 타임스에도 소개되었다고 한다. 종업원 수가 2,000명에 이르니 회사 규모가 미루어 짐작 간다. 공장 내부를 둘러보는데도 한 시간 넘게 걸렸다.

남편 고향 친구가 중국까지 진출해 이처럼 성공했으니 동네를 넘어 고성의 자랑이다. 모든 생산과정이 원료에서 공정까지 직접 제작되고 있는 것 같았다. 역시 한국의 최고 학부를 졸업한 머리 좋고 배포가 큰 사업가다. 인정도 많은 친구다. 회사 앞에서 단체기념사진을 찍고 청도 시내로 들어와 호텔에 짐을 풀었다.

잠시 휴식을 취한 후 박 회장이 초대한 저녁 식사 행사장으로 나갔다. 청도 시내의 일류 한식집이다. 음식이 워낙 잘 나오니 현지 안내자는 벌써 다음날 식사 걱정을 한다. 오늘과 비교돼 내일 식사가 입에 안 맞으면 어쩌나 싶은가보다. 식사를 마치고 일정에는 없던 마사지를 받으러 갔다. 전신 마사지 대금은 국내 안내자로 동행한 정 이사가 지급했다. 근사한 저녁은 박 회장이, 마사지 호강은 정 이사가 시켜주었다. 개운해진 몸에 기분까지 흡족해져 호텔로 돌아오니 여행 첫날부터 대만족이다.

둘째 날은 전용 관광버스로 태산으로 가기 위해 산둥 성으로 떠났다. 산이 동쪽에 있다고 산동 성이라고도 한다. 중국의 23개 성 중에서 인구밀도가 가장 높은 지역이라고 한다. 약 14억 중국 인구 중 산둥 성 인구가 1억이니, 산둥 성 인구만도 우리 남한의 배가 되는 셈이다. 이곳은 예로부터 인문학의 보고로 알려진 중국 인문학의 발원지이기도 하다. 동양 최초의 역사서가 된 공자의 <춘추>는 그 당시의 난신적자亂臣賊子들을 벌벌 떨게 했다고 한다. 또한, 공자사상을 발전시킨 맹자孟子, 군사학의 거두인 손자孫子, 묵가의 창시자인 묵자墨子, 그리고 순자荀子까지 모두 산둥 성 출신이다. "고기를 낚는 게 아니라 세월을 낚는다." 해서 유명한

강태공도 이곳 출신이라며 현지 가이드가 슬슬 말문을 연다. 그는 연변이 고향이라는 비쩍 마른 조선족 청년이다. 전날 못한 말을 다 쏟아 내려는 듯 급히 말을 잇다 보니 '그뭐냐' 가 십팔 번처럼 흘러나온다. 쉴 사이도 없이 입이 일하니 살이 붙을 새도 없을 것 같다.

산둥 성은 중국인들이 어머니의 강이라 부르는 황하강 하류에 있다. 이 지역은 석유, 석탄 등 자원이 무진장 많은 곳이다. 화력발전소도 있고 강우량이 적고 호수가 많다. 그래서인지 태안시로 이동하는 다섯 시간 동안 벼 심은 논은 보지 못했다. 산둥 성이 중국의 양식창고요 과일의 고향이라더니, 가도 가도 옥수수밭뿐이다. 더운 날씨 탓인지 들녘엔 농부의 그림자도 안 보인다. 초록 물감을 들이부은 듯 푸른 밭이 물결을 이루며 시야를 가득 채운다. 연두도 아니고 진초록도 아닌 내가 제일 좋아하는 초록색이다. 덕분에 책을 읽으랴 지친 눈이 생기를 찾는다.

시인 이상이 몸이 아파 시골에 머물 때 "진저리쳐지는 초록색, 조물주의 몰취미"라고 한, 어느 글의 대목이 떠오른다. 그 초록색을 몇 시간이나 보고 있으니 그 말을 조금은 이해할 듯하다. 아무리 좋은 산해진미라도 날마다 먹으면 싫증이 나는 것처럼, 이 싱그러운 녹색도 진저리쳐지는 건가. 그게 아니라 감당하지 못하는 자연의 푸른색에 그만 압도당한 것이리.

밭 가장자리로 붉은 벽돌을 머리에 인, 모양새가 꼭 같은 고만고만한 아주 작은 집들이 푸른 옥수수밭과 조화를 이루며 나타났다 사라지기를 반복한다. 농기계를 보관하고 잠시 휴식을 취할 수 있는 창고 겸 쉼터라고 한다. 이곳 옥수수가 우리나라로도 수출한다니, 며칠 전 태국 산호섬에서 강원도 옥수수라며 외쳐대기에 사 먹은 옥수수가 불현듯 떠올랐다.

가도 가도 끝이 없는 초록 들판을 달린다. 국가의 땅이니 세만 내면 평생 토지를 빌려 마음껏 농사를 지을 수 있다. 이사하더라도 원래 짓던 만큼의 토지를 보장받는다고 한다. 국가의 땅을 농민에게 세를 주어 분배한 사회주의의, 아니 등소평의 이 정책만은 괜찮은 제도로 보인다. 더구나 쌀, 밀가루, 기름, 돼지고기 같은 주식과 필수품은 정부에서 가격 조정을 한다 하니 사재기나 중간 상인들의 농간은 없을 것 같다.

태안시청에 당도하니 정각 12시다. 아무리 좋다는 태산구경도 식후경이다. 예약한 식당에서 음식이 나올 동안 박 회장이 보낸 상자를 열어보고 우리는 눈이 동그랗게 커졌다. 점심으로 먹을 김밥과 가재(털치, 고성 말)를 가득 실어 놓았기 때문이다. 물과 맥주는 이틀 먹을 분량을 차에 다 실어 놓았다. 공장을 방문했을 때 도시락에 가재를 쪄서 넣은 게 인기가 좋더니, 고성사람들이 가재를 잘 먹는다고 몇 상자나 찐 모양이다. 덕분에 이웃 여행객에도 한국 인심이 팍팍 날아갔다.

태안시청 바로 뒤가 태산으로 가는 길목이다. 태산이 눈앞으로 가까워졌다. 중국의 오악*五嶽중에서도 최고로 꼽히는 산이며, 오악독존**五嶽獨尊으로도 불린다는 태산이다. 해발고도는 1,545m이며 주봉은 옥황봉이다. 중국 역대 제왕들이 하늘에 제사를 지내는 봉선의식을 거행했던 곳이다. 기원전 219년 진나라 시황제를 비롯해 한나라 무제 등 많은 제왕이 제천의식을 치른 곳이다.

'태산이 높다 하되 하늘 아래 뫼이로다.'라는 시조로 보아 태산이 엄청 높은 산인 줄 알았다. 막상 보니 그렇게 높아 보이진 않는다. 더구나 케이블카로 오르니 금세 도착한다. 얼마나 많은 사람이 오르내렸는지 계단이 다 빤질빤질하다. 그 계단을 앞사람 꽁무니를 따라 오르고 또 오르니 옥황정이 나온다. 그 옛날 시황제가 하늘에 제를 지냈다는 그 옥황정에서 나도 잠깐 머리를 조아렸다. 이렇게 맑고 좋은 날 태산에 올라 행복하다고.

---

* 오악五嶽 : 영산, 태산, 화산, 형산, 숭산 등 중국 5대 명산을 말함.
** 독존獨尊 : 홀로 존귀함.

하산하는 길에 계단을 반쯤 내려왔을까. 회원들이 반쯤 모여 웅성거리고 있다. 총무가 현금이 꽤 든 손가방을 잃었다는 거다. 총무 아내가 다리가 좀 불편해 가파른 계단에서 잠시 부축했을 뿐, 한눈판 사이도 없는데 귀신이 곡할 노릇이란다. 정년퇴직 후 다시 취직해 열심히 살아가는 성실한 친구다. 이 친구가 없었으면 오늘까지 이 모임이 유지됐으리라곤 누구도 장담하지 못할 만큼 고향을 잘 지키고 있는 만년 총무다.

"죽은 새끼 불알 만진다고 살아날 것도 아니고, 모두 그만 약속 장소로 내려갑시다." 누군가의 제안에 자꾸 뒤돌아보며 그곳을 내려왔다. 모이라는 장소까지 내려와 가방을 죄다 털어 지갑을 찾던 총무가 돈 가방을 찾았다며 겸연쩍어한다. 개인 돈과 단체 돈을 따로 관리하려니 정신도 없을 법하다.

어쨌든 우리 팀은 다시 힘이 생겼다. 얼굴에 다시 웃음꽃이 피었다. 이런 흥겨운 판에 친구 두어 명이 안 보인다. 약속 시각이 훨씬 지났다. 또 무슨 변고가 생긴 건가. 한 회원이 최신 고가 스마트폰을 순식간에 소매치기당했다는 거다. 사진을 찍고 막 돌아서는데 느낌이 이상해 보니 이미 휴대전화기가 사라진 후였다. 점심때 한잔한 술기운이 남아 있던 터라 고래고래 소리를 질렀다. "이놈들, 내 휴대폰 내놓아라.” 하고. 때마침 근처를 지나던 공안 순찰대가 달려와 바로 옆에서 소매치기하던 도둑을 현행범으로 잡아 주머니를 털어보니 휴대전화가 수두룩하더란다. 아마 그에겐 평생 잊지 못할 이야깃거리이며 훗날 떠올리면 박장대소할 일화로 남을 일이다.

이 태산에서 하룻밤을 묵었다. 조식은 호텔 뷔페식인데 음식이 깔끔하고 맛있었다. 아침부터 배를 든든하게 채우고 공자의 고향인 곡부로 떠났다. 여기서 한 시간 거리인 곡부는 800여 년간 노나라의 수도였다. 중국인의 조상이라는 황제도 이곳 출신이다. 전용 버스에서 내려 택시를 타고 공부 근처까지 갔다. 공부는 공자의 후손들이 거주하는 곳으로 중국에서 가장 오래된 귀족 저택이 모여 있다. 공림은 공자와 그의 가족들 전용 묘지로 세계에서 가장 큰 가족 묘지다. 날씨가 더운데다 시간이 촉박해 공자와 그 아들, 손자 묘만 참배하고 왔다. 공자 후손이 대대손손 묻혔으니 중국에서 가장 오래 계승된 가족묘지가 아닐까 싶기도 하다.

공부, 공묘, 공림은 1994년에야 세계 자연문화유산목록에 편입되었다고 한다. 이런 대성현의 성지가 늦게 등재된 이유도 정치가들의 각기 다른 정치이념과 유교사상을 탐탁지 않게 여겼던 사회주의의 산물이 아닐까 가늠해 본다. 목숨을 바쳐 나라를 구한 이순신 장군이 그 시대에는 핍박을 받다가 후대에 와서야 떠받들어진 것처럼.

2,500여 년 전의 동양의 대성현, 공자의 말씀 중 <논어>에 나오는 익히 들어온 구절을 떠올려본다.

"나는
15세에 배움에 뜻을 두어
30세에 우뚝 섰으며
40세에는 미혹됨이 없었고
50세에는 천명을 알았으며
60세에는 귀가 순해졌고
70세에는 마음이 원하는 대로 따라도 법도에 어긋남이 없었다."

나도 60줄에 들고 보니 귀가 순해진다는 말에 공감이 간다. 더 젊었을 적엔 급한 성격 때문에 사실이 아닌 얘기를 주워들으면 그 진의를 확인해야 직성이 풀렸다. 그러나 세월이 가면 진실은 밝혀지게 마련이라는 말에 동의하게 되었으니, 귀가 많이 순해지진 한 모양이다. 또 입바른 소리를 잘해서 행여 남에게 상처 주는 말을 하게 될까 봐 말을 가려 하게 된다. 이도 나이 들면서 비롯된 것이니 공자님의 마지막 말씀도 이해가 된다.

성지순례를 끝내고 나오는 길이다. 공자님의 77대손이 경영한다는 매점에서 부채에 이름을 새기라고 권한다. 이름에 합당한 복을 기원하는 멋있는 글귀를 새겨 넣은 부채를, 부르는 값의 반에도 못 미치는 돈으로 지급하고 나오니 뒤통수가 좀 따갑다. 여기서는 다 그렇게 깎는다고 한다. 복과 관련된 물건은 우리 여자들은 잘 깎지 않는다. 나이가 오십 줄이나 될까 싶은 이가 글씨도 아주 정성 들여 잘 써준다. 옆에서 거들던 보조 아가씨에게 팁이라며 겨우 몇 푼을 더 얹어 지급하고 나왔다.

청도로 돌아와 식당에 가니 박 회장이 미리 와 있다. 회사에서 찍었던 단체 사진과 고급 녹차까지 준비해 각자 선물로 안겨준다. 이 고마움을 어떻게 갚나 하고 황송하고 미쁜 마음이 인다.

어느덧 여행 마지막 날이다. 조식 후 청도 맥주 박물관으로 견학을 갔다. 110년의 역사를 지닌 청도 맥주의 생산과정과 전시된 각국의 맥주도 관람하고 맥주 시음도 했다. 1891년에 독일이 이름 없던 어촌에 상륙해서 23년간 지배하며, 하늘도 푸르고 바다도 푸르러 청도란 이름을 짓고 청도 맥주공장을 짓게 됐다는 설명이다. 오전부터 맥주를 두어 잔 마시고 곡물 판매장으로 향했다. 판매장에서 파는 참깨엔 방부제가 없다기에 기름을 짜서 선물하려고 참깨만 잔뜩 샀다. 미리 선물을 사지 못한 이들이 공항에서 살까 했으나 공항의 물가는 장난이 아니었다.

우리 가게에서 파는 도매가 3,000원짜리 중국산 물결 부채에 무려 열 배나 넘는 가격표가 붙어 있다. 잘못 봤나 하고 일행과 직원에게 확인까지 했다. 일명 냉장고 티라고 불리는 옷도 마찬가지다. 비싸다는 눈치를 보내도 할인해 줄 기미는 보이지 않는다. 내 눈짓에 다들 물건에서 슬그머니 손을 떼었다. 동남아에서도 한국 여행객들은 돈 쓰러 오는 것이라며 요령껏 챙기라 한다더니 이곳도 마찬가지인 모양이다. 우리나라 상인들도 외국인이라 해서 바가지요금을 씌우는 행위는 하지 말아야겠다. 개인의 비양심으로 나라 전체의 얼굴에 먹칠해서야 되겠는가.

여행의 여운을 안은 채 돌아오는 비행기에 몸을 실었다. 어릴 적 고향 동무들 부부와 함께한 중국 여행은 어느 여행보다 값지고 보람찼다. 우리는 다시 각자의 자리로 돌아가 열심히 살아갈 것이다.

내가 그린 자화상

자화상

사십 년째 눌러앉은
국제시장 3공구 B동 2층
날개 접은 영웅들이 모여 벌이는 삶의 현장
장사꾼 흔적을 잠시 지우고
막걸리 한 잔으로 속세와의 문을 잠그는 밤이면
수시로 끓어오르던 젊은 날 문학에의 꿈
살기 위한 돈벌이와 숫제 바꾼 채
허둥지둥 살아온 내 삶의 덧없음이여
아, 지금은 인생의 늦가을
채 꽃피우지 못한 내 꿈을
어느 세월에 다 피워볼까.

영도다리 예찬

겁이 잔뜩 묻은 커다란 눈망울을 한, 작달막한 시골뜨기 소녀가 부푼 꿈을 안고 도착한 곳이 국제시장이다. 1966년 봄이었다. 들고 온 보따리를 내려놓자마자 구경 간 곳이 영도다리였다.

영도다리가 끄떡끄떡 하루에 두 번씩 끄떡끄떡, 노랫말 같은 이런 말도 재미있었거니와 큰 배가 지나가기 위해 다리 한쪽을 들어 올린다는 게 뭣보다 신기했다. 2분도 채 안 될 시간의 구경거리였지만, 당시 사람들의 관심과 환호성은 처음 목격한 나만큼이나 대단했다.

차츰 영도구의 인구도 늘어났다. 교통량도 늘어나 도개 기능이 중단됐다가 47년 만인 2013년에 재도개 개통식을

했다. 지금은 날마다 정오에 15분씩 들어 올리니 꼭 꿈인 듯 옛 기억들이 아련히 되살아났다.

부산에 발 디딘 지 올해로 47년째다. 영도다리 도개 기능도 47년 만에 되살아났다. 얼마나 반갑고 기쁘랴. 영도다리는 나와 함께한 나의 반세기다. 어느 비 오는 날 들어 올린 영도다리 밑으로 가보았다. 큰 배는 지나가지 않고, 해양 경찰선이 태극기를 휘날리며 왔다 갔다 무게를 잡고 있어 구경꾼들의 웃음을 자아내기도 했다.

2004년 '영도대교 존폐 미결정' 문제가 신문에 한창 오르내릴 때, 나도 답답해 어느 신문 여론광장에 글을 보냈다. 그때 처음으로 보낸 글이 신문에 실린 게 기회가 되어 이듬해에 등단했다. 영도다리는 이래저래 나와 인연이 깊다. 그

때나 지금이나 변함없이 영도다리를 건너 출퇴근을 한다.

나는 한국전쟁이 터진 다음 해에 고성에서 태어났다. 내가 두 살 때 아버지는 서른여섯이란 나이에 병으로 세상을 떠나셨다. 가정 형편상 오빠와 언니는 중학을 마치자 부산으로 꿈을 좇아 떠났고, 나는 어머니를 도와 농사를 지어야 했다. 중학 진학은 꿈도 못 꾸었다. 어머니를 도와 밭에서 키운 푸성귀들을 읍내 장에다 내다 팔기도 하면서 소녀기를 보냈다. 그러다 차츰 철이 들었는지, 장에 가서 푼돈을 버느니 공부를 해야겠다는 생각이 꿈틀거렸다. 꿈이 보이지 않는 시골에서의 탈출을 꾀했다. 아픈 어머니와 다섯 살 아래인 여동생을 눈 딱 감고 뒤로한 채. 이듬해 봄 농사철이 시작되기 전에 떠나와 정착한 곳이 국제시장 스카프와 손수건을 파는 도매상이었다. 이후 지금껏 국제시장을 떠나본 적이 없다. 국제시장이 없는 내 삶은 생각해 본 적 없다.

스무 살 무렵, 고향 동네 친구이자 초등학교 동기인 남편을 영도에서 다시 만났다. 남편은 시골에서 중학교를 졸업하고 영도 누나 집으로 올라와 남항동 소재의 큰 철공소에 취직해 기술자가 되어 있었다. 국제시장과 남항동의 가운데쯤인 영도다리는 퇴근 후 우리 만남의 장소로 적격이었다. 한쪽이 조금 늦으면 영도다리 난간에 기대어 갈매기 날고 있는 바다를 구경하거나, 오가는 작은 배들을 구경하며 기다리곤 했다.

부산 생활 초기 몇 해는 가게와 가까운 대청동 산비탈 꼭대기의 친구네 집 다락방 한 칸을 세 얻어 살았다. 그런데 애인이 자주 찾아오니 민망스러워 영도 옛 전차종점 부근으로 이사했다. 그 당시엔 가게에만 전화가 있어서 남편이 배를 수리하러 바다로 나가면 연락이 되지 않아 서로 소식이 끊기기도 했다.

어느 날 나의 퇴근을 기다리던 남편이 영도다리에서 통행금지에 딱 걸렸다. 영도경찰서에 붙들려가 3일 동안 구류를 살았다. 자정 지나 꼭 해야만 하는 통행은 손바닥에 퍼렇게 도장을 찍어 통과시켜 주었다. 그날은 고집 센 남편이 아무리 사정을 설명해도 들어주지 않았던 모양이다. 경찰관과 옥신각신 싸우다가 공무집행 방해죄까지 보태져 3일간이나 갇힌 것이다. 그런저런 추억이 있는 영도다리는 우리 부부에게는 고향만큼 애착이 가는 정겨운 장소다.

74년엔 개업에 이어 결혼도 했다. 양가의 도움은 한푼도 없었다. 우리 결혼에 적극적으로 찬성했던 시댁 식구들이라 하다못해 금반지 한 돈이라도 해줄 줄 알았던 내가 머쓱했다. 우리 몫이 아무리 적어도 논 두 마지기는 될 거라던 남편의 말에 가게를 덜컥 얻어놓고는, 시집에 돈 얻으러 갔다가 울고 돌아왔다. 그때는 정말 섭섭한 마음이 컸다. 그러나 나중에는 우리가 오히려 큰집을 돕는 처지로 바뀌었다.

그러는 동안 내게도 많은 변화가 있었다. 가게는 처음 개업한 그 자리에서 옆으로, 앞으로 거듭 확장했다. 주거지는 지금도 영도다리가 훤히 내려다보이는 봉래동 영도다리 입구에 있다. 이곳에서 수문장처럼 영도다리를 지키며 산다.

지금은 바쁜 겨울철만 아니면 퇴근 시간에 둘이서 영도다리를 가끔 걷는다. 남편 보폭은 넓고 걸음은 빨라 언제나 저만치 앞서간다. 꼭 황새를 쫓아가는 뱁새처럼 잰걸음으로 쫄쫄 따라가면 "야마꼬, 빨리 와" 하고 돌아보며 나를 부른다. 빨리 걸어야 운동이 된다는 게 그의 주장이다. 내가 일본인인가 싶어 주위 사람들이 돌아보지만, 야마꼬는 꼬마야를 거꾸로 부르는 말인 줄은 아무도 모른다. 하긴 남편과 한 반에 다녔던 초등학교 때도 나는 늘 맨 앞자리고 그는 늘 맨 뒷자리였다.

날마다 영도다리를 지날 때면 영도경찰서 입구에 새겨진 노래비를 본다. 가수 현인이 부른 '굳세어라 금순아'의 '이 내 몸은 국제시장 장사치이다'라는 노랫말을 볼 때나, 가끔 현인의 발끝을 깨워 흘러나오는 그 노래를 들을 때면 어쩌면 내가 노래의 주인공이 아닐까 하는 생각이 들 때도 더러 있다.

구청에서 영도다리 개통 기념으로 금순이를 공개모집 한

다기에 문의했다가 나이가 많아 문전박대당했다. 설령 뽑힌다 해도 말주변도 없는 내가 영도다리 홍보를 어떻게 했을지, 생각도 없이 나섰으니 우습기도 하다. 그러나 한편으로는 요즘 젊은이가 영도다리에 갖는 애틋한 정이 있기나 할까 하는 염려도 되었다. 우리 부부에게 영도다리는 거의 일생을 같이한 동반자라 해도 지나치지 않다. 부산을 떠나지 않는 한, 나는 여기에서 평생 영도다리를 바라볼 것이다.

이 영도다리가 반세기 전에는 섬과 육지를 잇는 유일한 다리였다. 큰 배를 통과시키려고 하루에 두 번 다리를 들어 올려 구경꾼을 불러 모았다. 볼거리가 있으면 관광객이 절로 찾아온다. 이제는 영도에서 육지로 이어진 다리만 해도 네 개나 된다. 남항대교를 포함해 웅장한 외형미를 자랑하는 부산항대교, 영도다리, 영도다리와 바로 이웃한 부산대교다.

부산에는 가장 유명해진 광안대교를 비롯해 신호대교, 가덕대교, 거가대교, 을숙도대교 등의 교량이 있다. 특히 영도대교는 우리 근현대사의 아픔을 두루 안고 있는, 민족의 애환이 깃든 다리요 한국에서 하나뿐인 도개교다. 세계 어디에도 도개 기능을 갖춘 이런 멋진 다리가 있다는 소리를 듣지 못했다. 바다를 가로지르는 다리가 6차로로 시원하게 뚫린 데다 도시와 어우러진 해안 경관도 근사하다.

아이를 키운 부산 사람치고 "너는 영도다리에서 주워 왔나? 누구 닮아 이렇게 말을 안 들어."라고 하거나, "자꾸 울면 영도다리 밑에 갖다 버릴 거다."라고 어깃장 한번 놔보지 않은 사람은 없을 것이다.

늦은 밤이다. 베란다에 나가니 영도다리 불빛이 발길을 붙잡는다. 지나간 추억이나 주절주절 풀어 놓아야겠다.

시작이 반이라더니

시작이 반이라더니 벌써 3학년 1학기가 끝났다. 처음 방송대 국어국문학과에 등록할 때만 해도 여기까지 올 수 있으리라곤 기대하지 않았다. 한 학기 아니면 일 년이라도 다니며 소녀적 꿈이던 문학 공부의 디딤돌이 되어줄 작은 초석이라도 다져보고자 했다. 혹여 끝까지 가지 못하는 일이 있더라도 그 길에 섰다는 기억과 기록은 남겠거니 하는 마음으로 들어선 길이었다. 털어놓고 말하자면, 이름 없는 야간 고등학교를 마쳤다는 학벌보다 방송대 국문과 졸업, 하다못해 중퇴라도 근사해 보일 성 싶어서다.

일에서 손 떼고 제대로 수필을 써보고 싶었다. 한때 문학 공부를 같이한 친구와의 의기투합이, 혼자였다면 어쩌면 망설였을 도전에 힘이 되었다. 오래 운영해온 도매상 일이야 워낙 몸에 밴 일이다. 해서 공부와 병행해도 타격받지 않고 꾸려갈 수 있으리라 여겼다. 설상 돈벌이에 약간의 지장은 있더라도, 가족을 위해 이만큼 일했으면 이제는 자신에게 시간을 투자해도 괜찮을 것 같았다.

나처럼 이 년씩이나 늦게 호적에 오른 남편은 남들보다 늦게 입대했다. 백일도 안된 아기와 나만 세상에 덜렁 남겨두고서. 갓난아기와 뭘 먹고 살까 궁리하다 국제시장에 가게를 냈던 게 벌써 35해째다. 남편에게마저 일 중독자로 낙인 찍혀 살 만큼 일에 빠져 살았다. 대학 진학은 꿈도 꾸지 않았다. 그래도 문학의 꿈은 접을 수 없었다. 꿈을 실현하기 위해 몇 해 전부터 여름제품을 반 이상 줄여가며 여유 시간을 만들었다. 그 시간을 이용해 동아대 사회교육원 문예창작반과 국제신문의 시 창작반에 등록했다. 배움에의 갈증으로 목말라하던 중 한 발짝 내디딘 결과였다.

공부에의 목마름은 쉬이 가실 일이 아니었다. 그러다 우연한 기회에 방송대에 관심을 두게 되었다. 가게에 일만 없으면 밥때며 생리현상까지 잊고 잡동사니 책을 보느라 코를 박고 앉았었다. 그런데 싼 등록금에 집에서 공부하고 시험만 보러 가면 되는 방송대 생각을 왜 진작 못 했을까. 이런 생각이 들자 갑자기 마음이 바빠졌다.

마음은 빤한데 시작이 쉽지 않았다. 방송대 학업을 마치기는 더더욱 어렵다고들 하더니 그 시작부터가 암초투성이었다. 가장 험난한 암초는 남편의 반대였다. 결정하면 바로 밀어붙이는 조급한 마음은 내 희망 사항일 뿐, 남편은 이런저런 이유로 극구 말렸다. 앞으로 살면 얼마나 살 거냐고, 젊은이도 4년 만에 졸업하기 어렵다는 방송대가 아니냐. 머리 썩혀 공부해서 이순에 졸업해서 어디 벼슬이라도 할 거냐며 극구 말렸다. 한가한 철은 좀 쉬어야 바쁜 철을 대비할 테니 제발 건강 걱정부터 하라고 했다. 모두 옳은 말이었다. 가게 일도, 집안일도 내 몫이 남편의 몇 곱절이니 잠시라도 안팎을 비우게 되면 무엇이 문제가 될지 내가 더 잘 안다. 이런 형편에 대학에 다니겠다는 것 자체가 사치일지도 몰랐다. 그래도 공부를 하고 싶었다. 이는 공부를 하지 못해서 오는 병이지 싶었다.

한 학기에 출석수업과 시험일을 합해 5일 정도만 휴가를 주는 셈 치고 보내달라고 애원했다. 다니다가 힘들면 그만두겠다고, 없는 애교까지 섞어가며 남편을 설득했다. 한참이나 서로 '제발' 대항을 벌인 결과 겨우 반허락을 받았다. 그리 꿈에 그리던 방송대인이 되었는데 공부라는 게 장난이 아니었다. 돋보기의 도움을 받아야 겨우 보이는 자잘한 글씨가 빼곡한 400페이지가 넘는 교과서가 한 학기에 여섯

권이었다. 혼자 공부해야 하니 필독서인 과목별 자습서, 각 교과서에 따라붙는 워크북, 거기다 인터넷 방송에 TV 방송, 녹음테이프와 기출문제 풀이, 학기마다 주어지는 한두 개의 과제물까지….

일이 바쁜 겨울엔 교재를 채 다 읽어보지도 못하고 시험을 봐야 하는 기막힌 일이 벌어지기도 했다. 물론 한두 과목이 과락 나면 계절시험으로 메우면 되었다. 그래도 안 되면 점수를 따기 위해 한 학기 더 등록해서 수업을 들어야 했다.

이렇게 달려온 3학년까지 한 과목밖에 과락이 나지 않았다. 4년 만에 졸업하겠다고 남편에게 큰소리친 약속을 지킬 수 있을 것 같다. 처음에 한 그 약속 때문에 남들과 똑같이 공부해서는 될 일이 아니었다. 그렇다고 내가 본 학우들 그 누구도 나보다 느긋하게 공부하는 이도 없었다. 시험일이 다가오면 머리를 싸매고 독서실에 다니며 공부해도, 4년 만에 졸업하는 학생이 20%에 불과한 게 현실이었다.

학교에 다니면서 가장 즐겁고 행복했던 경험이라면 문학기행을 꼽고 싶다. 2학년 때는 부여방면으로 1박 2일 일정으로 문학기행을 갔다. 백제의 숨결이 깃든 역사 공부도 좋았지만, 백미는 선배들의 능숙한 멘트로 이어간 문학의 밤 행사였다. 시, 수필 낭독에 이어 전 편집국장이 멋지게 부른

<쌍화점>은 교과서에서 눈요기만 했을 뿐, 노래를 처음 접한 우리 모두를 매료시켰다. 얼마나 연습하면 저 정도로 멋있게 소화할 수 있을까 부러웠다. 그 즐거웠던 여행을 생각하면 올해도 빠질 수가 없었다. 첫 손자 출산 예정일이 가까웠는데도 눈 딱 감고 떠나버렸다.

행사준비는 3학년들이 맡는 것이 학교의 전통이어서 올해는 우리 3학년이 준비를 맡았다. 작년 행사가 훌륭했던지라 우리를 보고 배울 후배들에게 그만큼 멋진 경험을 누리게 해줄 수 있을지 신경이 쓰였다. 그래서 도울 게 없을까 생각하다 예쁜 면 스카프를 학년별로 색깔을 달리해 여행선물로 기증했다. 대 히트였다. 방송대의 특징 중 하나는 나이에 제한이 없다는 점이다. 해서 자주 보는 같은 학년 외엔 이삼십 대를 보고도 선배인지 후배인지 구별할 수 없다. 이런 상황에 학년별로 빨강, 초록, 노랑, 연두색 스카프를 목에 두른 국문과 학생들이 여행지에서 섞여도 선후배가 눈에 확, 들어왔다.

이 대신 잇몸으로 산다더니, 연극인 박 선배의 멋진 리드와 임원진들의 수고로 올해도 즐거운 문학기행을 마쳤다. 혼자서 둘러보기는 쉽지 않은 이효석, 김유정 생가 등 강원도 일대를 신나게 누비고 돌아왔다. 짧은 일정이 아쉬울 뿐이었다.

방송대에 등록할 때만 해도 어디까지 할 수 있을지 자신도 궁금했다. 첫 학기가 끝나자 백여 명이 넘었던 우리 과 1학년 학생 중 20%는 이미 포기한 것 같았다. 나 역시 2학년 때엔 힘들어서 포기할까 하는 생각도 잠깐 해봤다. 하지만 일 년 고생한 게 아까워 그만두지 못했다. 결승점이 저만치 보이는 지금은 앞으로 배울 것들이 아쉬워서 그만둘 마음이 없다. 함께 시작했다가 공부가 힘들다고 첫 학기 마치고 도망가 버린 내 친구와 다른 몇몇 젊은이들에게 당당히 말할 수 있을 것 같다. 염불보다는 잿밥에 마음을 두고 학교에 발을 디뎠는지 모르지만, 이제는 아니라고. 진심으로 학문 그 자체가 좋아서 끝까지 하겠다고.

버거운 학업 때문에 막상 글쓰기는 손에서 놓아버렸다. 하지만 국문학을 공부할수록 글쓰기란 게 취미로 끄적거릴 심심풀이가 아니라는 것을 깨닫는다. 아는 만큼 보인다고 하더니 이제야 그 의미를 조금 알 것 같다. 깊은 물에 백 년을 재운다는 침향처럼, 더 많이 배우고 알수록 장차 써나갈 글에도 그만큼의 향기가 더해질 것을 믿는다.

시간 나면 여행이나 다니자며 공부를 말리던 남편도 지금은 많이 달라졌다. 지난해는 남편도 방송대에 원서를 냈다가, 우리가 시험 치는 날이 같은 날이란 걸 알고는 포기했다. 내년에는 꼭 농학과에 지원하겠다고, 퇴직 후 계획하고 있는 농장 경영에 도움이 될 지혜를 터득하겠다고 포부를 밝힌다.

퇴근 후 집에 오면 컴퓨터 붙박이였던 그였다. 그런 그가 언제부터인가 베란다 화분에 물주는 당번으로 바뀌었다. 쓸데없는 공부 한답시고 좋아하던 꽃만 다 죽인다며 구시렁거리던 소리도 슬며시 사라졌다. 아마 살림 도와주는 게 마누라 빨리 졸업시키는 지름길이라는 걸 터득했나 보다.

방송대 공부를 하고부터 하루 시간을 더 빠듯하게 쪼개 쓴다. 하지만 그 분주함이 내게는 오히려 기쁨이다. 어느 교수가 말했듯이 누가 떠밀어서 온 학교가 아니다. 나 스스로 공부하고자 선택한 길이니 일도 공부도 다 소홀히 할 수 없다.

훗날 되돌아보면 힘들었지만 내 인생에서 가장 빛났던 시절이 될 것이라 확신한다. 뭔가를 해야 할 것 같은데 그 길을 찾지 못해 끙끙댔던 지난날은 참으로 답답했다. 나는 지금 몸은 비록 고달프지만, 뭔가를 이뤄가고 있는 내 생애 최고의 날 속에 있다. 이런 뿌듯함을 경험해 보지 않은 이에게 뭘 어떻게 설명해야 할까.

누군가가 나더러 뭐가 아쉬워, 뭐가 좋아서 그 고생을 하느냐고 물어본다면 이외수 작가의 《하악 하악》에서 읽은 글을 인용하고 싶다.

"다목리 계곡에 사는 버들치들은 화천강에 잉어가 살고 있다는 사실을 모른다. 행여 다른 물에 다른 물고기가 산다 해도 버들치와 다를 바가 없다고 생각한다. 그러니 바다에 고기가 살고 있다는 사실을 말해주들 무슨 소용이 있겠는가. 계곡은 저 혼자 흘러 바다에 이를 뿐 버들치를 데리고 바다에 이르지는 못한다."

김매기의 추억

시골에서 열여섯 해의 소녀기를 보낼 동안 안 해본 일이 없다. 보리밭, 콩밭을 매는 일은 밥 먹듯 하는 일이었다. 기른 채소를 솎아 내다 팔기, 누에치기와 모심기, 꼴 베기, 나물 캐기, 웅덩이나 저수지에서 송사리 낚기, 논가나 도랑에서는 미꾸라지 잡기, 논에서 우렁이 잡기, 염소나 소를 몰고 나가 풀을 먹이고, 새끼 꼬기도 마다하지 않았다.

그냥 널린 게 일이었고 일감이었다. 이런 일들이 장마철 소나기처럼 한꺼번에 덮치는 것은 아니었다. 하지만 철 따라 짓는 농사와 그 틈을 꼬박 메우는 노동이었다. 그야말로 일 구덩이 속에서 산 소녀기였다.

이른 봄엔 동네 앞 넓은 들로 날만 새면 우렁이를 주우러

다녔다. 모판의 모가 파릇파릇 한 뼘이나 자랄 즈음이면, 이 논 저 논 맨발로 다니면서 고동을 주웠다. 논고동은 아직 물이 차가운 고랑 사이에 허연 목을 길게 빼고 더듬이로 먹이를 찾아 나왔다. 이 논고동을 줍다 보면 어느새 아침밥 먹을 시간이 되곤 했다.

낮에는 책 보따리를 던지기가 무섭게 들판으로 나가 냉이나 쑥, 달래 같은 나물을 뜯었다. 어머니가 텃밭에서 잘 키워놓은 푸성귀를 뜯어서 이고, 걸어서 20분여 걸리는 읍내 장터로 팔러 갔다. 난전에 들어온 순서대로 자리 잡고 앉아 나물이며 채소를 팔았다.

여름엔 특히 송사리를 많이 낚았다. 미꾸라지와 달리 송사리는 성질이 급하다. 민물에 담가두어도 그날 해를 넘기지 못하고 허연 배를 뒤집으며 죽어버렸다. 죽은 민물고기는 반 가격에도 팔리지 않았다. 그 때문에 도로 집으로 가져와 풋고추를 다져 넣고 졸여 먹었다. 우렁이는 봄부터 여름까지도 잡았다. 술 안줏감으로 워낙 인기가 좋아 팔다가 남겨 오는 일이 별로 없었다. 이른 봄 아침엔 찬물에 발 넣기도 싫을 때다. 그래도 눈만 뜨면 우렁이를 찾아 논을 헤맸다.

가을이면 가을걷이에 바빴지만, 틈나는 대로 바닷가로 향했다. 읍내와 반대 방향으로 조금만 걸어가면 신월리 바닷가가 나왔다. 그곳에서 조개도 캐고 파래도 뜯었다. 바다에서는 조금 때만 아니면 계절 없이 조개를 잡았다. 때깔 좋은 것은 이삼일씩 모아 채소와 함께 읍내로 들고 나갔다. 어둑할 때 돌아오면 어머니가 해 주신 밥을 먹고는, 새끼 꼬기와 고구마 빼때기도 썰어 말리며 겨울 준비에 들어갔다.

요즘 시골에서는 겨울 농한기면 좀 쉴 수가 있다. 그 당시엔 겨울이라도 노닥거릴 시간이 없었다. 가까운 산은 사람들이 가을부터 땔감을 하러 다닌다. 하여 얻기 수월하고 불 때기도 좋은 땔감은 이미 동난 상태다. 소나무 갈비(낙엽)가 없어 마른 풀까지 까꾸리(갈퀴)로 달달 긁어모아 그 안에다 생솔가지를 꺾어 숨겼다. 생솔은 말리면 최상의 땔감이다. 하지만 아무리 인심 좋은 산 임자라도 생솔은 못 꺾게 했다. 군청에서도 산이 벌거숭이가 되는 걸 막기 위해 청솔가지 꺾는 것을 금지했다. 그러나 다른 땔감이 없다 보니 몰래 꺾어 숨기곤 했다.

겨울 방학엔 먼 산까지 나무를 하러 다녔다. 먼 산에는 사람들 발길이 뜸해 땔감이 지천으로 널려 있었다. 욕심껏 묶은 나뭇단을 머리에 이고 오다가 도중에 한두 번은 쉬어야 한다. 쉬었다 일어나면 나뭇단을 머리에 다시 올려놓기가 힘들어서 고생이 여간 아니었다. 보통 서너 명씩 함께 다녔는데, 옆에서 다행히 거들어 주면 아무리 무거워도 머리에 올릴 수가 있었다. 이럴 땐 맨 마지막 남은 사람이 늘 문제였다. 일단 나뭇짐을 머리에 올리기 좋은 언덕에다 비스듬히 올려놓아야 했다. 그다음엔 자신의 머리를 나뭇짐 밑으로 밀어 넣어 다리를 달달 떨면서 일어나곤 했다. 그런데 위치가 조금만 어긋나도 짐이 머리에 얹히기도 전에 논바닥에 처박혔다. 그럴 땐 같은 일을 반복해야 했다. 이런 일은 쉬기 전에 이미 순서가 정해져 있는지라 누구도 불만은 없었다.

나뭇짐이 욕심만큼 무거울 때도 있었다. 집에 와서 부려 놓고 나면 한동안 머리가 얼얼해서 감각이 없을 정도였다. 내가 어릴 때부터 무거운 짐이나 물동이를 너무 많이 이고 다녀서 키가 더 쪼그라들었다고, 어쩌다 형제들이 모이면 넋두리도 했다. 그러나 실상은 아버지 없는 농촌 아이들이 오빠, 언니들을 도시로 돈 벌러 보내고 다들 하는 일이었다. 먼 산으로 갈 때는 가까운 산에서는 보기 힘든 농익은 망개열매나 진달래꽃묶음을 나뭇짐에 꽂은 채, 동네 앞을 지날 때 자랑삼아 천천히 걷는 여유를 부리기도 했다. 그뿐인가. 집에 나뭇단이 수북이 쌓여가는 보람도 컸다.

그런데 일한 표시도 나지 않으면서 제일 힘든 일이 논의 김매기였다. 열다섯 살 무렵 어머니가 논매러 가면서 나를 몇 번 데리고 갔다. 그것이 내가 부산으로 떠나온 계기가 되었을 것이라 짐작한다. 일이 힘든 것도 그렇지만 그 무서운 뱀을 김매던 맨손으로 만져본 후가 아닐까 싶다. 요즘은 제초제를 뿌려서 풀은커녕 거머리 구경하기도 힘들다. 그때는 논의 풀을 다 뽑고 나오면 거머리가 몇 마리씩 다리에 달라붙어 있었다. 피를 얼마나 빨았는지, 떼어내면 올챙이배처럼 탱글탱글했다. 그래도 거머리 떼는 참을 만했다.

더운 여름날 비지땀을 흘리며 논의 김을 맬 때면, 초벌땐 그래도 좀 수월한 편이다. 한데 마지막 세 벌 매기 때쯤엔 벼가 제법 자라 잎이 날카롭다. 얼굴을 들면 벼 잎이 얼굴을 마구 할퀴었다. 그 때문에 허리를 펴지도 못하고 볏논에 얼굴을 처박은 채 논을 기어 다니다시피 했다. 더 참을 수 없는 것은, 풀뿌리를 걷어내다 물컹한 게 손에 닿았을 때의 촉감이다. 손이 따끔하며 시커먼 게 물 논에서 휙 달아나는 걸 봤을 때의 그 오싹한 느낌이라니. 그럴 때는 뱀이 지나간 앞으로 한 치도 더 나아가지 못했다. 이런 날은 정말 일할 남자들이 있는 집이 부러웠다.

내가 열여섯 살 되던 해 봄에 부산으로 올라와 국제시장에 취직하고, 여중 야간부에서 공부하며 휴일도 없이 일할 수 있었던 것도 힘겨웠던 논매기에 비하면 별일 아니었던 까닭이다. 논매기는 삶의 고비마다 나를 일으켜 세워주는 촉진제가 되었다. 도매상 일과 방송통신대학교의 공부를 늦은 나이에 병행할 수 있었던 것도, 그 힘든 논매기를 떠올리며 용기 낸 결과였다.

부지런한 적이 게으른 친구보다 낫다는 말이 있다. 김매기의 추억은, 내가 게으름 피울 때마다 정신 바짝 차리게 하는 내 안의 적으로 도사리고 있다.

서양란을 바라보며

라일락 꽃향기 은은한 오월 초에 큰딸이 결혼했다. 결혼식을 며칠 앞두고 사윗감이 온다기에 석대 꽃단지에 가서 꽃 화분 몇 개를 샀다. 환영인사용으로 빨간 꽃이 만발한 철쭉, 잎이 무성한 열대야자, 집안에 복을 가져다 준다는 크고 튼실한 관음죽, 미색 꽃이 얌전하게 핀 철골소심, 바이올렛 빛 예쁜 꽃봉오리가 반쯤 맺고 절반은 흐드러지게 핀 큰 서양란 화분까지… 차에 실을 수 있을 만큼 골랐다.

남편과 나선 길이니 함께 꽃구경도 하고 꽃 얘기도 나누면서 화분을 고르면 오순도순 얼마나 좋을까. 하지만 남편과는 같이 다녀봐야 내 맘에 드는 화분 한두 개 챙기기가 어렵다. 화초에는 애초에 관심조차 없는 사람이라 건성건성

다닐 것이 뻔하기 때문이다. 그러니 그는 운전석에 붙박인 채 졸게 내버려 두고, 혼자 쉬엄쉬엄 구경하며 고르는 게 차라리 매부 좋고 누이 좋은 일이다.

꽃이란 아이 키우듯 씨를 뿌려 거두거나, 어린 모종을 사다가 키우며 꽃봉오리 맺는 걸 들여다보는 보람도 클 거다. 그러나 나는 아침에 눈만 뜨면 아침밥을 챙겨 먹고 가게에 나가기 바쁘다. 저녁에 들어오면 또 저녁 준비하기에 바빠 꽃에 신경 쓸 겨를이 없다. 그런데도 꽃을 유별나게 좋아하다 보니 꽃구경 삼아 나갔다가 화분 몇 개씩 예사로 사 온다. 꽃이 핀 동안엔 예쁘다고 수시로 눈길을 주다가도, 꽃이 지고 나면 베란다 한쪽으로 밀어놓고는 서서히 잊어간다.

베란다의 꽃들이 겨끔내기로 거의 질 무렵, 가을바람이 스카프의 계절임을 알린다. 그렇게 겨울과 봄도 정신없이 지나가면 좀 한가한 늦봄을 맞는다. 그때에야 버려두다시피 한 꽃들을 눈여겨 살펴본다. 미처 돌보지 않아 죽은 화초 몇 개는 연례행사처럼 버려진다. 허전한 내 마음도 담겨 나간다. 소홀히 한 미안한 마음도 삐죽이 솟는다.

지난해 봄에도 사윗감을 환영하는 의미를 담아 꽃이 반쯤 핀 서양란을 가져왔었다. 꽃이 피고도 두 달 넘게 싱싱한 꽃을 볼 수 있었는데, 꽃이 지고 나서는 다른 꽃에 밀려나 잊고 말았다. 그렇게 지난봄, 여름, 가을, 겨울도 여름 소나기 지나가듯 급히 달아나고 딸 부부도 미국으로 떠났다.

바쁜 철이 지나고 다시 찾아온 눈부신 오월의 휴일이었다. 베란다 문을 활짝 열고 바라보던 내 얼굴이 환해졌다. 화단 저쪽으로 밀려나 있던 서양란이 화사한 바이올렛 빛 꽃망울을 터트린 게다. 마치 딸인 양 찾아와 눈 맞추며 웃고 있지 않은가.

유치원 다닐 때 엄마 따라 미용실에 왔던 초롱초롱한 눈매의 딸아이, 예쁜이 대회에 나가라고 부추기며 단장해 주던 그때의 딸 얼굴과 결혼식 때 어쩌면 저렇게 고울까 하고 축하객이 찬사를 아끼지 않던 딸아이의 얼굴이 볼그레한 예쁜 난과 겹쳐온다.

거름은커녕 물도 제때 못 준 미안한 마음을 아는지 모르는지. 저도 딸애의 결혼에 한몫했다는 듯 꼿꼿하게, 어깻죽지엔 훈장처럼 두꺼운 떡잎 서너 장 턱 부치고 유세하듯 나를 보며 환하게 미소 짓는다.

사는 게 뭐가 이리 바쁜지.

지나간 '화려한 휴가'

1. 오랜만에 영화관을 찾으며

중장년층이 극장을 찾는 횟수는 얼마나 될까. 영화를 보려고 영화관까지 발걸음을 하는 것은 나에겐 연례행사나 마찬가지다. 그런 내가 굳이 극장에까지 가서 영화를 보게 된 것은, 작은 사고와 우연히 겹친 결과였다. 방송대 국문과 단짝에게서 남포동 가마골 소극장 <피의 결혼> 초대권 두 장이 공짜로 생겼다며 같이 가자는 전화가 왔었다. 처음에는 대목이 코앞이라 다른 사람과 가라며 사양했다. 그러나 친구는 그동안 소원했다며 거듭 동행할 것을 권했다.

어쨌든 모처럼 마음 맞는 친구와 좋아하는 연극을 본다는 생각에 기분이 들떴다. 한 시간이나 일찍 가게 일을 끝내고 친구를 만나 종종걸음으로 공연장에 닿았다. 그런데 공연장 입구에서 맥이 쏙 빠졌다. 초대권 귀퉁이에 자그맣게 인쇄된 '월(요일) 쉼' 이라는 글자를 친구가 미처 읽지 못했다. 나야 초대권 달라고 해서 연극 좋아하는 남편과 같이 보면 된다. 한데 먼 데서 일부러 걸음 한 그녀를 그냥 돌려보내기도 그렇고 해서 대안을 찾기로 했다. 다행히 그녀가 보고 싶다던 영화 '화려한 휴가'*가 근처 극장가에서 아직 상영 중이었다.

2. 극장을 들어서며

입장권 두 장을 들고 매표소 직원에게 영화 관련 팸플릿 같은 것을 좀 달라고 부탁했다. 그러나 돌아온 대답은 매정했다. 개봉한 지 두 달이 다 돼 가는데 그런 게 남아있을 리가 없단다. 영화에 별다른 관심이 없는 내가 이 영화에 대해 들은 것은, 광주민주화운동을 그린 영화라는 정도였다. 마침 학교 과제물로 영화감상문을 써내야 했기에 내심 잘 됐다고 여겼다가 실망이 컸다. 해서 영화에 대한 기본적인

---

* 김지훈 감독이 만든 2007년 개봉 영화

정보, 감독과 배우들 이름도 영화관 간판에서 확인해야 했다. 그런 형편이니 기실 나는 아무런 사전정보 없이 '화려한 휴가'를 만난 셈이다. 나중에 생각해보니 영화에 대한 사전 지식이 없었기에 영화에 더 몰입할 수 있지 않았나 싶다.

5 · 18 민주화운동 발생 몇 년 뒤 그 진상이 대충 밝혀졌을 즈음, 가게에서 가까운 가톨릭센터에서 광주사태의 진상을 찍은 사진전이 전시된 적 있다. 그 사진이 비추어낸 것은 차마 눈 뜨고는 볼 수 없는 참혹한 살인의 현장이었다. 극장에 들어설 때 개봉한 지 오래되어 관객이 없어 무섭지 않을까 여겼던 것도, 그 사진들의 기억이 워낙 강렬했기 때문이다.

3. 그들의 휴가는 화려하였더라

영화는 초록의 나무와 잔디가 배경화면으로 깔린, 평화로운 오월 어느 봄날로부터 시작한다. 주인공인 민우는 광주의 택시기사다. 그가 탄 택시가 초록의 메타세쿼이아 가로수가 늘어선 길을 지나가는가 싶었는데, 곧 총칼로 무장한 시위대 진압군의 지휘자들이 탄 군용트럭이 화면 가득 우리 앞으로 달려오고 있다.

시대의 암울했던 사건과는 일견 어울리지 않는 제목이 왜

붙었는지 진작부터 궁금했다. 첫 화면 속 그들이 나누는 대화에서 얼핏 그 이미지가 떠올랐다.

"우리가 지금 어디로 가고 있나?"

"설마 북쪽으로 가고 있는 건 아니제?"

"가봐야 알겠지만 해가 서쪽으로 지고 있는 것 같으니 남쪽으로 가고 있는 게 맞다."

언뜻 아무렇지 않게 들리는 그들의 대화 끄트머리에서 그날의 비밀작전명이 '화려한 휴가'라는 것을 관객들은 알게 된다.

화면이 바뀌고 곳곳에서 데모하는 장면들이 카메라 앵글에 잡힌 곳은 바로 광주였다. 대학은 벌써 휴교령이 내려졌는지 정문 앞에는 무장군인들이 점령하고 있다. 반대편에서는 데모하는 학생과 시민이 군인과 대치하며 이미 난장판이 되어 있다. 곧이어 계엄령이 선포되었고, 광주에는 외부의 그 누구도 상상할 수 없는 일들이 일어나고 있었다. 간첩이니 불순세력이니 하며, 무고한 시민과 죄 없는 학생들을 폭도로 몰아붙이며 총칼을 마구 휘두를 때는 이성을 잃은 광인 그 자체였다. 엊그제만 하더라도 친구였고 선후배였던 그들이었다. 지금은 왜, 무엇 때문에 적이 되어 내가 살기 위해 상대를 죽여야 하는지 이해할 수 없었다.

처음 영화를 보기 시작했을 때만 해도, 마침 영화감상문

과제를 해결하면 되겠다고. 그러니 꿩 먹고 알 먹기라며 기꺼운 마음이었다. 감상문을 써야겠다는 의욕에 불타, 어둑한 조명에도 아랑곳하지 않고 노트에다 대충 손짐작으로 메모했다. 그러나 시간이 흐르면서 그 필기는 끝까지 이어가지 못했다. 영화 흐름에 푹 빠져 정신을 집중하기에도 벅찼기 때문이다.

부모를 일찍 잃은 두 형제가 정답게 사는 화면이 눈에 들어왔다. 형인 민우는 택시기사 일을 하면서 동생 공부시키는 것을 보람으로 여기며 살아간다. 서울대 법대 수석을 목표로 형을 기쁘게 해 줄 생각이던, 공부밖에 모르는 착한 고등학생인 동생 진우는 어느 날 마른하늘에서 날벼락을 맞았다. 시위 현장에서 친구가 억울하게 당하는 것을 보고는 데모대에 뛰어들어 앞장을 서다가 그만 친구들과 죽임을 당한 것이다.

시위에 나서지 말라고 신신당부하던 형 민우도, 동생의 죽음을 목격하고는 죽음을 각오하고 시민군을 결성하게 된다. 퇴역장군 출신의 흥수(안성기 분)를 중심으로 시민군이 일어나 무장군인들과 맞서 무기고를 빼앗고, 지옥 같은 사투 끝에 잠시 진압군을 몰아냈을 때는 극장 안 30여 명의 관객이 약속이나 한 듯 손뼉을 쳤다. 그러나 그 기쁨도 잠시, 군부는 광주를 완전히 고립시키며 탱크 부대로 무장한 채 돌진해 들어왔다. 언론마저도 권력 앞에 무너져 제구실을 못 하고 있었다. 국민의 알 권리마저 빼앗았다. 언론이 한 일이라곤 광주시민 모두를 반동분자로, 폭도로 몰아붙이는 일에 동참하는 것이었다.

그 와중에 시민군을 결성한 흥수와 민우는 외부와 고립된 채 전남도청을 사수하기 위해 10일간의 지옥 속 사투를 벌인다. 결국, 마지막 날 눈앞의 죽음을 예감하고 흥수는 엄마 없이 키운 무남독녀 외딸 신애(이요원 분)와 서로 사랑하는 민우를 함께, 억지로 술수를 써서 외부로 내보낸다.

사랑하는 여인의 아버지가 흥수라는 것을 알게 된 민우는, 사랑하는 신애를 사지에서 데리고 나와 멀찌감치 떼어 놓고 아버지를 구해 돌아오겠다는 약속을 하며 다시 사지로 돌아간다. 그러나 그 약속은 결국 지키지 못했다. 도청에 남아있던 시민군과 최후까지 싸우던 사람들은 모두 목숨을 잃었다.

광주는 온통 피바다였다. 모든 것은 끝났다. 꿈도 사랑도 스러졌다. 화려했던 휴가는 수많은 목숨을 앗아가며 끝이 났다. 인적이라곤 없는 어두운 골목골목을 달리는 차에, 피 묻은 간호사 가운을 걸친 신애가 홀로 태극기를 휘날리며 목이 메어 외치던 소리만 들릴 뿐.

“광주시민 여러분, 광주를 지킵시다. 나가서 싸웁시다. 광주를 지킵시다. 광주를 지킵시다….”

4. 나의 화려한 휴가

영화 ‘화려한 휴가’ 가 광주민주화운동을 제대로 대변했다고는 생각지 않는다. 가톨릭센터 사진전에서 목격했던, 그 등골 서늘한 참상에 비하면 영화의 구성은 드문드문 쥐 뜯어 먹은 옥수수 형세였다. 영화는 차마 더 끔찍한 참상을, 어쩌면 더 사실에 가까웠을지도 모르는 실상은 영상의 표면에 드러내지 못했을 것이다. 그것은 이 영화를 볼 사람들에게 어떻게 받아들여질까를 고민했던 까닭이 아니었을까 하고 짐작할 따름이다.

요즘 아이 중에는 광주민주화운동 발발일이 5 · 18인지 8 · 15인지조차 구별하지 못한 아이도 있다고 한다. 이런 아이들에게는 사진전 같은 끔찍한 현실 그대로의 모습보다는, 한 꺼풀 장식을 드리운 영화 속 허구가 더 자연스럽게 수긍되지 않을까. 이 영화가 광주시민을 조금이나마 위로하고, 이후 세대의 아이들에게는 역사를 돌아보게 하는 계기를 만들었을 것이다. 적어도 이 영화를 본 학생이라면 1980년의 그날을 기억할 터이니….

영화를 본지 한참이 지났는데도 이따금 떠오르는 것은, 마지막 장면에 떠오르던 신애의 결혼식 사진이다. 사진에 찍힌 이들은 다들 환하게 웃고 있다. 이미 죽은 사람들이 밝게 웃고 있는데, 오직 찌푸린 사람은 웨딩드레스를 입은 신애뿐이다. 영화관을 나오면서 그 사진은 대체 어떤 의미일까 고민했었다. 죽은 자는 웃고 산 자는 웃지 못하다니. 그것은 어쩌면 살아남은 자가 떠안을 괴로움과 죄책감을 이야기하려 한 것이 아니었을까.

그날을 떠올리면 우울해지는 우리야말로 신애의 얼굴과 같을지도 모른다. 광주를 지키자고 신애가 목이 메어 소리쳤듯, 살아남은 우리도 지켜야 할 무언가를 크든 작든 갖고 있을 터다. 다만 절실하게 지킬 일이 피투성이 가득한 화려한 휴가가 아닌, 지루하고 평범한 수요일 같은 일상이었으면 좋겠다.

노년을 위하여

나는 1951년생이다. 그러나 호적이 2년이나 늦게 올라갔다. 그 연유는 첫돌을 며칠 앞두고 아버지를 잃은 것과 연관이 있다. 그런 사연이야 내가 어찌할 수 있었던 게 아니다. 하지만 늦어진 호적으로 말미암아 언제나 또래들보다 한 발짝 늦게 가는 늦깎이 삶을 살아야 했다. 정작 그 설움이 적지 않다.

그 때문에 나는 학교도 제때에 못 들어갔다. 몸도 허약해 열 살까지는 골골거리며 자랐다. 내가 태어날 즈음에 아버지가 위독한 상태라 젖배를 곯아 그렇다며 어머니는 늘 안타까워하셨다. 그래도 밤이면 마을회관에서 가르치는 한글을 대충 익혔다. 열한 살에 간단한 시험을 치고 초등학교

삼 학년으로 월반해 들어갔다. 반 친구들보다 한두 살 위였지만, 전쟁 중에 태어난 세대들이라 나보다 한두 살 위인 사람도 한두 명 끼어 있었다.

초등학교에 다니는 동안에도 어머니를 도와 텃밭에서 살다시피 했다. 그 덕분인지 초등학교를 졸업할 때쯤 건강을 되찾은 나는, 도시로 돈 벌러 나간 오빠와 언니 대신 허약한 어머니를 도와 농사일을 하게 되었다. 그런데 농사일보다 부업이 더 많았다. 밭에서 키운 채소를 무겁게 이고 장터로 내다 파는 일도 내 몫이었다. 그러기를 2년, 나는 희망이 보이지 않는 시골로부터의 일탈을 꾀했다. 어머니가 재혼해서 태어난 여동생과 몸이 약한 어머니를 눈 딱 감고 내버려두고 열여섯 살 되던 봄 농사철이 시작되기 전에 고향을 떠났다.

국제시장에서 일하던 오빠와 언니가 더 큰 꿈을 안고 서울로 떠나고, 그 자리에 내가 취직을 한 것이다. 오빠와 언니는 돈 벌어서 집에 보내주거나 동생 뒷바라지 하는 건 안중에 없는 듯했다. 오직 자기들 앞날에 펼칠 꿈을 향해 사는 사람처럼 보였다. 그것은 아마 어머니의 뜻이기도 했을 것이다. 워낙 성실했던 오빠와 언니 덕분에 가게주인은 그들 동생인 나를 면접 절차 같은 것도 없이 그냥 받아 주었다.

가게는 스카프 손수건 도매상이었다. 가내공업 제품도 겸하고 있었다. 시골에서 소문난 또순이가 국제시장에서 거듭난 또순이가 되었다. 몇 개월 후 이제는 가게에 내가 꼭 필요한 사람이라는 감이 왔을 때, 나는 당차게도 월급을 인상해주는 대신 퇴근을 한 시간 당겨 달라고 사장에게 부탁했다. 그리고 걸어서 5분 거리의 용두산 공원 밑 ㄷ 야간여중에 시험을 치고 입학했다. 내 또래들은 중학을 졸업하던 해였다.

주간과 야간을 합쳐 7반까지 있었는데 중학 반도 시험을 치고 들어갔다. 배워야겠다는 일념에 월급 인상보다는 조금 빠른 퇴근을 원했지만, 경기가 좋던 때라 손님이 밀려 학교 가는 시간을 맞추기가 쉽지 않았다. 단골 지각생 딱지가 붙어 다녔다. 한 달에 두 번 쉬는 휴일, 그마저도 물량이 달리는 제품 만드는 일을 도와야 했다. 공부할 시간조차 뜻대로 주어지지 않았다. 그래도 허기진 공부를 때우면서 돈도 조금씩 만졌으니 뿌듯했다. 그까짓 피로쯤은 시골 일에 비하면 아무것도 아니었다.

풀 먹인 새하얀 칼라가 멋졌던 교복에, 교모인 베레모를 비스듬히 쓰고 고향에 내려가면 읍내 버스에서 내려 집까지 가는 길이 짧게 느껴졌다. 모두 나를 부럽게 바라보았다. 내가 중학교에 못 가고 길가 밭에서 일할 때, 교복 입고 다니던 친구들이 부러웠듯이. 내 성적도 차츰 올라 2학년 때는 부실장도 맡았다.

내 나이 스물네 살 봄에 국제시장에 도매상을 개업했다. 물론 부모 형제의 도움은 한 푼도 없었다. 오빠가 결혼 전에 도매상을 차렸다가 실패하는 바람에 시골의 논밭까지 다 팔아먹은 상태였다. 그즈음에 5년 넘게 근무했던 가게의 사장 댁이 가게를 다른 사람에게 넘기고 서울로 이사를 하게 되었다. 나도 한 칸짜리 가게를 월세로 얻어 개업했다. 내 근면성과 진실성을 오래 보아온 공장 사장들이 돈 벌어 갚으라고 선금만 조금씩 받고 거래를 터 준 덕이다. 그 은혜는 항상 마음속에 고맙게 자리하고 있었다. 그렇게 십여 년이 지났을 때 나를 도와준 한 공장이 어려움에 부닥쳤다. 그때 내가 어음을 빌려주어 약간의 도움을 주었는데 두고두고 마음 뿌듯한 일이다.

그해 가을엔 몇 년간 사귀던 고향동네 친구인 남편과 결혼을 했다. 하나도 닮은 게 없는 우리 부부가 배움에의 열정 하나만은 천생 닮았다. 딸 둘을 낳아 다 키우고 나서야 남녀공학인 고등학교 야간부로 부부가 함께 들어갔다. 남녀공학 성인 반을 고교 야간부에 출범시킨 부산 사하구 장림에 있는 ㅈ 고교다. 평소 시간만 나면 신문을 훑던 중, 야간 고등부 성인반이 생겼다기에 1회에 운 좋게 들어갔다. 명칭

이 성인반이지, 20대 전후의 젊은이들도 더러 있었다. 남편과는 초등교에 이어 다시 한 반에서 공부하게 되었다. 낮에는 힘든 도매상 일로, 밤에는 젊은 학생들에게 처지지 않으려는 욕심으로 살 붙을 새가 없었다.

오직 문학을 좋아한다는 이유로 겁도 없이 들어간 한국방송통신대학교 국어국문학과엔 이십 대에서 육십 대까지 연령층이 다양했다. 남편은 퇴직 후를 염두에 두고 농학과로 들어갔다. 가게 일과 집안일 70%가 내 차지다 보니 두 과목이 과락이 났다. 그런 연유로 4년제 국립대를 4년 반 만에 영광스럽게 졸업했다. 벌써 5년 전의 일이다.

딸 둘도 명문대를 나와 각기 제 짝을 만나 자녀 키우며 잘살고 있다. 나도 아직 햇병아리지만 수필과 시로 각각 등단했다. 항상 바쁘다는 핑계로 옳은 신자 축에도 못 들지만, 부처님께 늘 감사하는 마음을 갖고 있다.

이제 하고 싶었던 공부는 늦게나마 대충 다 벌충했다. 자녀에 대한 의무도 이만하면 부모로서 웬만큼 했다고 생각한다. 우리 부부 노후설계만 남은 셈이다. 다행히 둘 다 돈에 큰 욕심이 없다. 허례허식과는 담쌓은, 명품 따위는 거들떠보지 않는 실속파다. 그러니 큰 병마만 덮치지 않는다면 부부가 살아가는데 큰돈은 들지 않을 것 같다.

경기는 예전 같지 않지만 일한다는 자체가 행복이라 아직 붙들고 있다. 그러나 이대로 일만 하다가 죽겠다 싶어 남편과 2년 정도만 더 하자고 약속을 했다. 평생을 일 구덕에 처박혔다가 일손을 놓으면, 그 많은 시간을 어떻게 사용할지 벌써 설렌다. 가장 하고 싶은 일은 아무에게도 방해받지 않고 책에 빠져보는 것이다. 다음으로, 그동안 못해본 글쓰기도 마음껏 해보고 싶다. 금전적 봉사가 아니라 일주일에 두어 번은 몸으로 때우는 봉사활동도 하며 나이 드는 게 작은 소망이다.

대문 밖이 저승이라고, 앞으로 십 년을 살지 이십 년을 넘길지는 아무도 모른다. 얼마 전에 읽은 《노년에 관하여, 우정에 관하여》에서처럼, 일에서 은퇴한 후 어떻게 하면 건강하고 행복한 노후를 보낼 수 있을까를 생각한다.

생의 마지막에, 긴긴 인생 잘 살다 간다고 웃으며 말할 수 있었으면 좋겠다. 내가 그린 자화상을 밑그림 삼아 노년 설계를 잘해야겠다.